위대한 매일 영어 쫌2

지은이 오석태
초판 1쇄 인쇄 2017년 3월 9일
초판 1쇄 발행 2017년 3월 20일

발행인 박효상 **총괄 이사** 이종선 **편집장** 김현 **기획·편집** 박혜민 **디자인책임** 손정수
디자인 싱타디자인 고희선
마케팅 이태호, 이전희 **디지털콘텐츠** 이지호 **관리** 김태옥

종이 월드페이퍼 **인쇄·제본** 현문자현

출판등록 제10-1835호 **발행처** 사람in **주소** 121-839 서울시 마포구 양화로 11길 14-10 (서교동) 4F
전화 02) 338-3555(代) **팩스** 02) 338-3545 **E-mail** saramin@netsgo.com
Homepage www.saramin.com

책값은 뒤표지에 있습니다.
파본은 바꾸어 드립니다.

ⓒ 오석태 2017

ISBN
978-89-6049-624-8 14740
978-89-6049-622-4 (세트)

사람이 중심이 되는 세상, 세상과 소통하는 책 사람in

위대한 매일 영어

쫌 2

오석태 지음

사람in

머리글

꾸준함을 이기는 건 없다

요즘 사람들의 영어 공부하는 모습을 보면서 든 생각을 한마디로 정리한다면 '영어 공부 포기하는 편이 낫겠다'이다. 정말 평생 기초만 (그마저도 끝까지 못한다!) 전전하다 끝없이 포기라는 수렁에 빠져들 거라면 그냥 포기하는 편이 낫겠다. 진정한 영어 실력 향상은 뒷전이고 그저 누가 뭐 좋다 하면 우– 따라 하는 팔랑 귀에 의존해 여기저기 기웃거리며 줏대 없이 굴 거라면 그냥 포기하는 게 낫겠다.

그 많은 교재와 학습 방법이 범람하는 요즘, 30년 전 수준으로 돌아가 바닥을 치고 있는 작금의 영어 현실을 보면 절로 가슴이 쳐진다. 이건 해결책도 보이지 않는다. 이 와중에 근본 없는 외침으로 자신이 교육을 상대로 도적질하고 있다는 사실도 모른 채, 또는 모른 척하며 떠드는 '거리 도적패'들의 득세에 헛구역질이 난다.

이런 때에 한 사람이라도 이것이 옳은 교육이고 이것이 옳은 길이라고 정확히 외칠 수 있어야 한다는 생각이다. 몸에 근육을 키우기 위해서, 혹은 뱃살을 빼기 위해서는 지속적인 운동이 필요하다. 매일, 쉼 없이, 꾸준히 해야 한다. 이건 학습과 관련된 뇌도 마찬가지이다. 뇌에 근육을 키우기 위해서는 매일, 쉼 없이, 꾸준히 뇌 운동을 해야 한다. 영어라고 다를까? 영어 역시 잘하려면 매일, 쉼 없이, 꾸준히 해야 한다. 그래야 영어에 탄력이 생긴다. 그래야 실력이 생기고 자신이 당당해진다. 당당해져야 영어에 관해 떠드는 '거리 도적패'들에게 현혹되지 않고 자기 갈 길을 갈 수 있다.

그렇게 하겠다고 마음먹은 이들에게 등장한, 영어 실력 향상에 디딤돌이 될 〈위대한 매일 영어 쫌〉. 거짓 기초에만 휘둘리고, 벙어리 기초에만 속아 왔던 시간들을 보상해 주리라 믿는다. 영어가 무엇인지 제대로 알아보고 영어를 통해 내 미래를 세울 수 있는 혜안을 던져 줄 것이다. 이제 우리에게 새로운 시대가 열린다.

저자
오석태

왜
〈위대한 매일 영어〉여야 하는가?

매일 느끼는 꾸준한 성취감!

어렸을 때, 매일매일 집으로 날아오던 일일공부 한 장의 추억, 다들 조금씩은 있죠? 사람들에게 일일공부 학습지에 대한 추억을 물어보면 대개 '좋았다', '괜찮았다'라고 대답합니다. 이렇게 일일공부 학습지에 대한 추억이 시간이 흐른 후에도 나쁘지 않은 건, 어렵지 않으면서 분량도 부담스럽지 않아 단번에 풀고 나가 놀 수 있기 때문이었을 거예요. 또 앉은 자리에서 끝내니까 성취감도 느낄 수 있고, 매일매일 하다 보니 뭔가 머릿속에 쌓이는 것 같기도 하고요. 그렇습니다. 이 일일공부가 우리들 뇌리에 좋은 이미지로 자리잡을 수 있었던 이유는 꾸준하게 성취감을 느끼게 했기 때문입니다. 이 꾸준한 성취감을 영어에서 느껴 보게 하면 사람들이 영어를 잘, 제대로 하지 않을까 생각하며 기획한 것이 바로 〈위대한 매일 영어〉입니다. 한마디로, 영어 일일공부 성인판인 셈이지요.

〈위대한 매일 영어〉 카테고리

위대한 매일 영어 쌩
정말 영어 쌩초짜들을 위한 3無(부담, 억압, 진땀) 책
(근간 예정)

위대한 매일 영어 쫌
영어를 아주 못하진 않지만 '쫌' 하는 것과는 거리가 살짝 먼 사람들을 위한 고육지책

위대한 매일 영어 꽤
영어 쫌 한다는 말을 수시로 듣지만 자기만족 5% 부족한 독자들의 필독서
(근간 예정)

과유불급 방지!

자, 여기 영어를 공부하겠다고 마음 먹은 A 씨를 볼까요? '어학의 기초는 문법이니까 문법은 기본이고, 단어를 알아야 확장이 되니까 놓치면 안 돼. 말을 못하면 안 되니까 회화도 신경 써야 하고, 아! 작문도 해야지. 어쨌든 골고루 다 해야 해.'라고 생각해서 각 분야에 관련된 책을 구비합니다. 그리고 하루에 각 책의 한 챕터씩 하겠다고 굳게 다짐하죠. 하지만, 실제로는 그렇게 하려다가 하루도 못 가서 포기하고 맙니다. 왜냐고요? 너무 무리이기 때문입니다.

언어의 4대 영역(말하기, 듣기, 읽기, 쓰기)을 골고루 하겠다는 건 정말 좋은 생각입니다. 하지만, 해당 책의 챕터 하나가 보통 10페이지, 짧아도 6페이지인데 다 보려면 24~40쪽을 봐야 합니다. 거기에 문법과 단어책까지 욕심을 부린다면 아무리 못해도 40페이지 넘게 공부를 해야 하지요. 재미있는 소설책도 아닌데 하루에 이 분량을 매일 할 수 있을까요? 토익이나 토플처럼 취업이나 진학 목표가 뚜렷이 있는 것도 아닌데요?

사람의 집중력은 한계가 있어서 뭔가를 시작해 가장 집중할 수 있는 시간은 50분 정도입니다. 이 시간을 넘어가면 그냥 눈으로 보는 것 외에는 의미가 없습니다. 그래서 하루에 40페이지 넘게 영어를 한다는 것 자체가 무리입니다. 그리고 언어라는 것은 반복이 중요해서 오늘 배운 걸로 끝이 아닙니다. 계속 반복해 줘야만 두뇌 속에 자리잡아 자기 것이 되는 것이죠. 이렇게 다하려면 절대 시간이 부족하고 결국 하루 만에 영어에 KO패를 당하게 되는 것입니다.

이런 것을 방지하고 하루에 딱 소화할 만큼만 세심하게 고려하여 내놓은 것이 바로 〈위대한 매일 영어〉입니다. 밀리지만 않고 하면 영어 실력 향상, 보장합니다!

100세까지 갈 영어 버릇 장착

여러분이 아마 어렸을 때는 일일공부 학습지를 5분도 채 되지 않게 무서운 속도로 집중하고 풀었을 것입니다. 지금은 성인이 되었으므로, 집중 시간을 45분으로 잡았습니다. 어린 시절의 일일공부가 앞뒤 두 페이지로 가뿐했다면 성인인 여러분께는 6페이지가 가뿐할 것입니다. 어릴 때 풀던 일일공부가 (그때는 우리가 잘 몰랐지만) 수리, 도형, 공감각력, 인지, 이해 각 분야를 로테이션하면서 다뤘다면 여러분이 접할 이 책에서는 영어의 4대 영역(독해, 회화, 작문, 듣기)에 문법과 단어까지 골고루 다룹니다.

이 책 한 권으로 영어가 완전히 해결된다는, 그런 말도 안 되는 거짓 공약은 하지 않습니다. 그렇지만 확실히 말씀드릴 수 있는 것은 이 책으로 하면 하루하루 영어에 관해 뭔가를 자신이 하고 있다는 성취감은 확실히 들 것입니다. 그렇게 매일 매일의 성취감이 쌓이면 여러분의 영어가 위대해지는 것이고요.

하나의 행동이 습관으로 굳어지는데 걸리는 시간이 21일, 3주라고 합니다. 매일 45분만 이 책에서 하라는 대로 해보세요. 그러면 하나는 보장합니다. 매일 영어를 하게 되는 습관이 들게 됩니다. 이 책의 최대 목표 중 하나가 바로 습관 들이기입니다. 습관 들이기에 성공했다고요? 영어의 반은 넘은 셈입니다. 나머지 절반은, 그대로 꾸준히 계속 열심히 하는 것입니다. 앞으로 계속 나올 〈위대한 매일 영어〉와 함께 말이죠.

KEY POINTS
- 꾸준히 일정 강도 이상을 넘어가게 하라!
- 임계점이 넘어가도록 공부를 습관화하라!
- 무엇보다도 매일 하는 것, 그 자체로 이미 당신은 위대하다!

영어 일일공부 성인판,
〈위대한 매일 영어 쫌〉 구성과 학습법

〈위대한 매일 영어 쫌〉의 특징과 구성

1. 총 2권, 각 권 20일 학습 구성
2. 부담없이 할 수 있는 정해진 학습 분량
3. 꾸준한 성취감을 느끼게 하는 점증적 구조
4. 기억이 오래 가는 반복 학습 구성

1. 재미있고 정보가 살아 있는 지문
2. 읽기, 듣기, 문법, 어휘, 쓰기, 말하기의 유기적인 학습 구조
3. 펜을 들어 쓰고, 말을 하고, 집중해 들어야 하는 적극적인 학습 활동 배치

〈위대한 매일 영어 쫌〉 이런 사람들에게 딱!

★ 독해 지문 같은 건 대충 읽으면 이해

★ 단어도 무슨 뜻인지 대강 유추도 가능

★ 그런데 뭔가 불만족스러움

★ '어쭈! 쫌 하는데.' 이 말을 듣는 게 소원

Day별 구성과 학습법

아이들이 새로운 것을 배울 때 습득력이 어른보다 좋은 이유가 무엇인지 아시나요? 바로 가르쳐 주는 사람이 하라는 대로 잘 따라 하기 때문입니다. 여러분도 이 〈위대한 매일 영어 쫌〉을 하게 될 때는 마치 어린 아이가 선생님 말씀을 듣고 하라는 대로 그대로 하는 것처럼, 책에서 하라는 대로 그대로 따라 하면 됩니다. '이런다고 뭐가 되겠어?'라고 의심을 가지지 마세요. 의심을 가지는 순간 아무것도 되지 않게 됩니다. 건승을 빕니다!

그날 배울 지문입니다. 재밌고 유익한 정보의 내용으로, 각 문장의 주어와 동사는 색깔로 구별해 의미와 구조 파악에 도움이 되게 했습니다. 색깔로 표시된 주어, 동사를 제외한 나머지는 목적어 또는 보어이거나 문장을 수식하는 문장들입니다.

HOW TO
색깔로 표시되지 않는 부분들이 문장에서 어떤 역할을 하는지 곰곰이 생각해 가며 읽다 보면 복잡해 보이던 문장 구조가 잘 파악됩니다.

그날 공부할 부분의 전체 내용 소개예요.

HOW TO
배경 지식으로 작용해 지문을 훨씬 쉽게 읽을 수 있게 하니까 꼭 읽으세요.

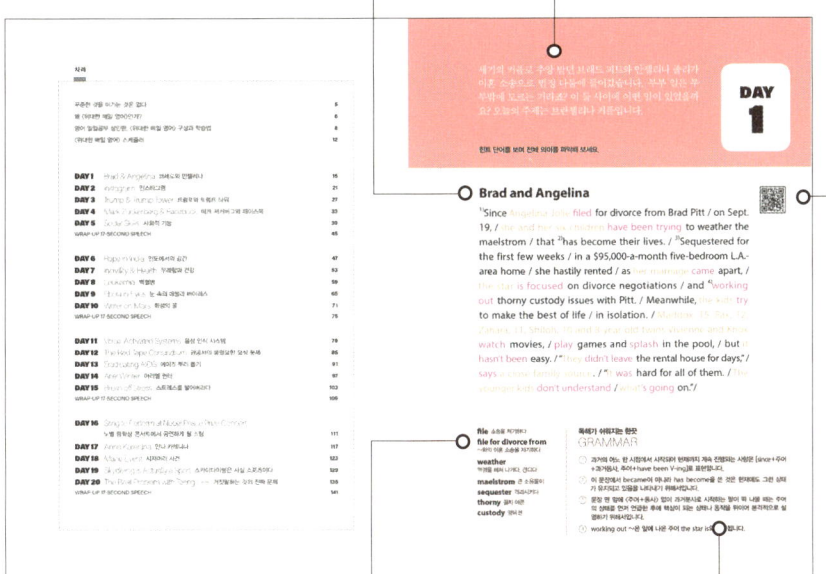

독해 지문을 외국인 성우의 깔끔한 목소리로 녹음했습니다.

HOW TO
실력이 좀 된다 하는 분들은 이 QR 코드를 찍어 먼저 듣고서 지문을 읽으시고요, 그렇지 않다면 지문을 여러 번 읽어 내용을 이해한 다음 들으시면 훨씬 잘 들립니다.

해당 지문을 읽을 때 모르면 해석 자체가 힘든 단어들만 모아놨어요.

HOW TO
지문을 읽다가 막힐 때 살짝 보면서 의미 파악에 주력하시면 됩니다.

해당 지문에서 꼭 알아야 할 문법 사항을 정리했습니다. 복잡한 문장 구조가 한눈에 보이고, 어렵게만 보이던 사항이 쉽게 이해됩니다.

HOW TO
문법 공부, 너무 과해도 부족해도 안 되죠. 여기에 나오는 문법 사항과 문장을 여러 번 읽어서 꼭 이해하고 넘어가면 하루 문법 공부로 충분해요.

지문에 나왔던 어려운 단어, 중요한 단어를 남김없이 수록했습니다.

HOW TO
눈으로만 보면 절대 안 돼요. 영어 단어와 한국어 뜻을 크게 읽으면서 뇌 운동을 한 다음 옆의 밑줄에 정성스럽게 단어와 뜻을 쓰세요. 이렇게 해야 학습 효과가 더욱 좋습니다.

정확한 발음으로 단어를 녹음했습니다.

HOW TO
쓰는 게 끝났다면 QR 코드로 정확한 발음을 듣고 따라 하세요. 듣고 따라 하는 것을 세 번 정도 해 주시면 됩니다.

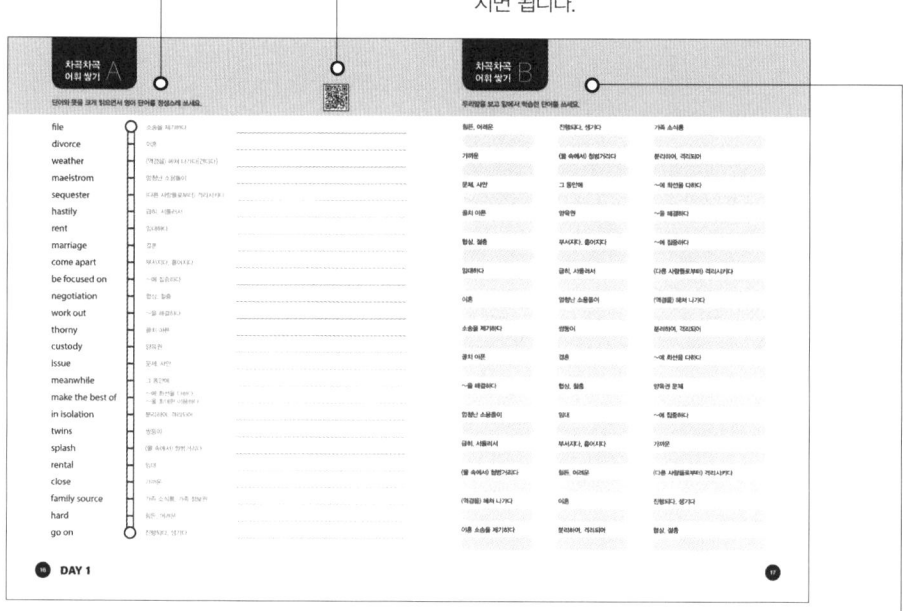

앞에서 배웠던 영어 단어의 한글 뜻을 보고 영어 단어를 써 봅니다.

HOW TO
왼쪽 페이지를 가리고 최대한 아는 데까지 써 보세요. 앞 페이지에서도 써 보고 말해 보고 들었던 단어들이기 때문에 충분히 할 수 있을 거예요.

이제는 독해 지문을 의미 단락으로 끊어서 해석 연습을 합니다. 이렇게 독해 훈련 연습을 하게 되면 눈으로만 읽고 이해해서 저 멀리 날아가던 것들이 여러분의 뇌리에 콱 박히게 됩니다.

HOW TO
슬래시(/)가 그어져 있는 단락의 의미를 아래 줄에 우리말로 쓰세요. 해석이 유려할 필요는 없습니다. 번역가가 되려는 게 아니니까요.

독해 지문의 정확한 해석이 나와 있습니다. 다른 책에서처럼 유려한 해석이 아니라 슬래시로 끊은 단락에 맞춰 한 해석이라 조금 어색할 수도 있지만, 이렇게 해야 정확하게 문맥을 이해하는 데 도움이 됩니다.

HOW TO
여러분의 단락 해석과 서로 비교하면서 잘못된 부분을 고친 다음 단락 해석을 보고 아래 밑줄에 영어 문장을 기억해 가면서 쓰세요. 이미 여러 번 눈으로 읽고, 귀로 들었고, 단락 해석 확인을 하면서 봤기 때문에 쓸 수 있습니다. 이렇게 하다 보면 작문 연습도 동시에 됩니다.

앞의 독해 지문의 내용을 바탕으로 한 회화입니다.

HOW TO
중요한 표현이 그대로 반복되기 때문에 쉽게 이해할 수 있어서 부담이 없습니다. 큰 소리로 다섯 번 읽고 QR 코드로 원어민 발음을 확인하세요.

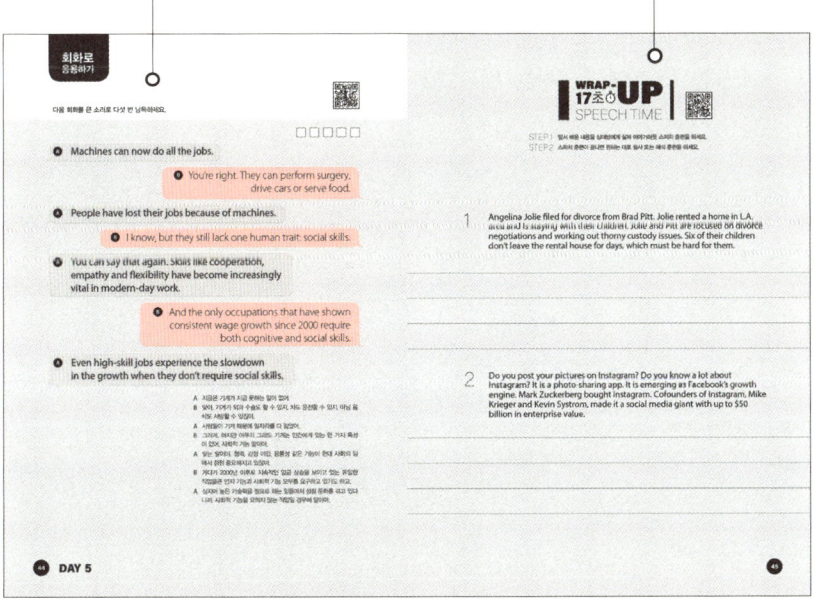

5일분 학습이 끝나고 각 지문에서 가장 핵심이 되는 내용을 요약한 부분입니다.

HOW TO
알게 된 정보를 사람들에게 알려 주듯이 자연스럽게 말할 수 있게 여러 번 말하기 훈련을 하세요. 거울 앞에 서서 말해 보는 것도 강추입니다. 완전히 달달 외워서 툭 하면 툭 하고 나올 정도가 되는 걸 목표로 하면 됩니다.

〈위대한 매일 영어 쫌2〉 스케줄러

	1일차	2일차
Week 1 STUDY	**DAY 1**	**DAY 2**
review		DAY 1 지문, 어휘, 회화 낭독 2회
Week 2 STUDY	**DAY 6**	**DAY 7**
review	WRAP-UP 17-SECOND SPEECH DAY 5 지문, 어휘, 회화 낭독 2회	DAY 5 & 6 지문, 어휘, 회화 낭독 2회
Week 3 STUDY	**DAY 11**	**DAY 12**
review	WRAP-UP 17-SECOND SPEECH DAY 10 지문, 어휘, 회화 낭독 2회	DAY 10 & 11 지문, 어휘, 회화 낭독 2회
Week 4 STUDY	**DAY 16**	**DAY 17**
review	WRAP-UP 17-SECOND SPEECH DAY 15 지문, 어휘, 회화 낭독 2회	DAY 15 & 16 지문, 어휘, 회화 낭독 2회

3일차	4일차	5일차	6일차
DAY 3	**DAY 4**	**DAY 5**	**WRAP-UP 17-SECOND SPEECH**
DAY 1 & 2 지문, 어휘, 회화 낭독 2회	DAY 2 & 3 지문, 어휘, 회화 낭독 2회	DAY 3 & 4 지문, 어휘, 회화 낭독 2회	DAY 4 지문, 어휘, 회화 낭독 2회
DAY 8	**DAY 9**	**DAY 10**	**WRAP-UP 17-SECOND SPEECH**
DAY 6 & 7 지문, 어휘, 회화 낭독 2회	DAY 7 & 8 지문, 어휘, 회화 낭독 2회	DAY 8 & 9 지문, 어휘, 회화 낭독 2회	DAY 9 지문, 어휘, 회화 낭독 2회
DAY 13	**DAY 14**	**DAY 15**	**WRAP-UP 17-SECOND SPEECH**
DAY 11 & 12 지문, 어휘, 회화 낭독 2회	DAY 12 & 13 지문, 어휘, 회화 낭독 2회	DAY 13 & 14 지문, 어휘, 회화 낭독 2회	DAY 14 지문, 어휘, 회화 낭독 2회
DAY 18	**DAY 19**	**DAY 20**	**WRAP-UP 17-SECOND SPEECH**
DAY 16 & 17 지문, 어휘, 회화 낭독 2회	DAY 17 & 18 지문, 어휘, 회화 낭독 2회	DAY 18 & 19 지문, 어휘, 회화 낭독 2회	DAY 19 & 20 지문, 어휘, 회화 낭독 2회

차례

꾸준한 것을 이기는 것은 없다	5
왜 〈위대한 매일 영어〉여야 하는가?	6
영어 일일공부 성인판, 〈위대한 매일 영어 폼〉 구성과 학습법	8
〈위대한 매일 영어 폼2〉 스케줄러	12

DAY 1	Brad & Angelina 브래드와 안젤리나	15
DAY 2	Instagram 인스타그램	21
DAY 3	Trump & Trump Tower 트럼프와 트럼프 타워	27
DAY 4	Mark Zuckerberg & Facebook 마크 저커버그와 페이스북	33
DAY 5	Social Skills 사회적 기능	39
	WRAP-UP 17-SECOND SPEECH	45

DAY 6	Rape in India 인도에서의 강간	47
DAY 7	Incivility & Health 무례함과 건강	53
DAY 8	Leukemia 백혈병	59
DAY 9	Ebola in Eyes 눈 속의 에볼라 바이러스	65
DAY 10	Water on Mars 화성의 물	71
	WRAP-UP 17-SECOND SPEECH	75

DAY 11	Voice-Activated Systems 음성 인식 시스템	79
DAY 12	The Red Tape Conundrum 관공서의 불필요한 요식 문제	85
DAY 13	Eradicating AIDS 에이즈 뿌리 뽑기	91
DAY 14	Ariel Winter 아리엘 윈터	97
DAY 15	Brush off Stress 스트레스를 털어버리다	103
	WRAP-UP 17-SECOND SPEECH	109

DAY 16	Sting to Perform at Nobel Peace Prize Concert 노벨 평화상 콘서트에서 공연하게 될 스팅	111
DAY 17	Anna Karenina 안나 카레니나	117
DAY 18	Mane Event 사자머리 사건	123
DAY 19	Skydiving Is Actually a Sport 스카이다이빙은 사실 스포츠이다	129
DAY 20	The Real Problem with Telling Lies 거짓말하는 것의 진짜 문제	135
	WRAP-UP 17-SECOND SPEECH	141

세기의 커플로 추앙 받던 브래드 피트와 안젤리나 졸리가 이혼 소송으로 법정 다툼에 들어갔습니다. 부부 일은 부부밖에 모르는 거라죠? 이 둘 사이에 어떤 일이 있었을까요? 오늘의 주제는 브란젤리나 커플입니다.

DAY 1

힌트 단어를 보며 전체 의미를 파악해 보세요.

Brad and Angelina

[1)]Since Angelina Jolie filed for divorce from Brad Pitt / on Sept. 19, / she and her six children have been trying to weather the maelstrom / that [2)]has become their lives. / [3)]Sequestered for the first few weeks / in a $95,000-a-month five-bedroom L.A.-area home / she hastily rented / as her marriage came apart, / the star is focused on divorce negotiations / and [4)]working out thorny custody issues with Pitt. / Meanwhile, the kids try to make the best of life / in isolation. / Maddox, 15, Pax, 12, Zahara, 11, Shiloh, 10 and 8-year-old twins Vivienne and Knox watch movies, / play games and splash in the pool, / but it hasn't been easy. / "They didn't leave the rental house for days," / says a close family source. / "It was hard for all of them. / The younger kids don't understand / what's going on." /

file 소송을 제기하다
file for divorce from ~와의 이혼 소송을 제기하다
weather 역경을 헤쳐 나가다, 견디다
maelstrom 큰 소용돌이
sequester 격리시키다
thorny 골치 아픈
custody 양육권

독해가 쉬워지는 한끗
GRAMMAR

① 과거의 어느 한 시점에서 시작되어 현재까지 계속 진행되는 사항은 [since+주어+과거동사, 주어+have been V-ing]로 표현합니다.

② 이 문장에서 became이 아니라 has become을 쓴 것은 현재에도 그런 상태가 유지되고 있음을 나타내기 위해서입니다.

③ 문장 맨 앞에 〈주어+동사〉 없이 과거분사로 시작하는 말이 떡 나올 때는 주어의 상태를 먼저 언급한 후에 핵심이 되는 상태나 동작을 뒤이어 본격적으로 설명하기 위해서입니다.

④ working out ~은 앞에 나온 주어 the star is와 연결됩니다.

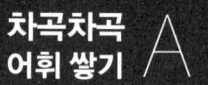

단어와 뜻을 크게 읽으면서 영어 단어를 정성스레 쓰세요.

file	소송을 제기하다
divorce	이혼
weather	(역경을) 헤쳐 나가다[견디다]
maelstrom	엄청난 소용돌이
sequester	(다른 사람들로부터) 격리시키다
hastily	급히, 서둘러서
rent	임대하다
marriage	결혼
come apart	부서지다, 흩어지다
be focused on	~에 집중하다
negotiation	협상, 절충
work out	~을 해결하다
thorny	골치 아픈
custody	양육권
issue	문제, 사안
meanwhile	그 동안에
make the best of	~에 최선을 다하다, ~을 최대한 이용하다
in isolation	분리하여, 격리되어
twins	쌍둥이
splash	(물 속에서) 첨벙거리다
rental	임대
close	가까운
family source	가족 소식통, 가족 정보원
hard	힘든, 어려운
go on	진행되다, 생기다

DAY 1

차곡차곡 어휘 쌓기 B

우리말을 보고 앞에서 학습한 단어를 쓰세요.

힘든, 어려운	진행되다, 생기다	가족 소식통
가까운	(물 속에서) 첨벙거리다	분리하여, 격리되어
문제, 사안	그 동안에	~에 최선을 다하다
골치 아픈	양육권	~을 해결하다
협상, 절충	부서지다, 흩어지다	~에 집중하다
임대하다	급히, 서둘러서	(다른 사람들로부터) 격리시키다
이혼	엄청난 소용돌이	(역경을) 헤쳐 나가다
소송을 제기하다	쌍둥이	분리하여, 격리되어
골치 아픈	결혼	~에 최선을 다하다
~을 해결하다	협상, 절충	양육권 문제
엄청난 소용돌이	임대	~에 집중하다
급히, 서둘러서	부서지다, 흩어지다	가까운
(물 속에서) 첨벙거리다	힘든, 어려운	(다른 사람들로부터) 격리시키다
(역경을) 헤쳐 나가다	이혼	진행되다, 생기다
이혼 소송을 제기하다	분리하여, 격리되어	협상, 절충

의미해석

한 의미 단위씩 해석하세요.

Brad & Angelina

- ▶ Since Angelina Jolie filed for divorce from Brad Pitt / on Sept. 19, /

  she and her six children have been trying to weather the maelstrom /

  that has become their lives. /

- ▶ Sequestered for the first few weeks /

  in a $95,000-a-month five-bedroom L.A.-area home / she hastily rented /

  as her marriage came apart, / the star is focused on divorce negotiations /

  and working out thorny custody issues with Pitt. /

- ▶ Meanwhile, the kids try to make the best of life / in isolation. /

  Maddox, 15, Pax, 12, Zahara, 11, Shiloh, 10 and 8-year-old twins Vivienne and Knox watch movies, /

  play games and splash in the pool, / but it hasn't been easy. /

- ▶ "They didn't leave the rental house for days," / says a close family source. /

- ▶ "It was hard for all of them. /

- ▶ The younger kids don't understand / what's going on." /

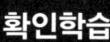

확인학습

우리말 최종 해석을 보고 영어 문장으로 말한 다음 펜으로 쓰세요.

브래드와 안젤리나

안젤리나 졸리가 브래드 피트와의 이혼 소송을 제기한 때부터 / 그러니까 9월 19일이죠, / 그녀와 그녀의 여섯 아이들은 그 소용돌이를 이겨 내기 위해 지금까지 애를 쓰고 있습니다 / 이게 그들의 일상이 돼 버렸습니다. / 첫 몇 주 동안은 격리된 상태였습니다 / 월세 95,000 달러에 방이 다섯 개 딸린 L.A. 지역의 집에서인데 / 그녀가 급히 렌트한 곳이죠 / 그녀의 결혼이 산산조각 나면서 말입니다, / (그렇게 격리된 상태에서) 안젤리나는 지금 이혼 협상에 집중하고 있습니다 / 그리고 피트와 골치 아픈 아이들 양육 문제를 해결하고 있죠. / 그러는 와중에, 아이들은 생활을 최대한 즐기려고 애를 쓰고 있습니다 / 고립된 상태에서 말이죠. / 15세 된 매독스, 12세인 팩스, 열한 살 자라라, 열 살 된 샤일로, 그리고 8살짜리 쌍둥이 비비엔과 녹스는 영화를 보고 / 게임을 하며 풀에서 물장구치기를 합니다, / 그러나 그게 쉽지만은 않습니다. "아이들이 며칠 동안 렌트한 집밖을 나가지 못했어요," / 가까운 가족 소식통이 전하는 말입니다. / "아이들 모두에게 힘든 일이었죠. / 어린 아이들은 이해를 못하고 있습니다 / 도대체 무슨 일이 일어나고 있는지 말입니다." /

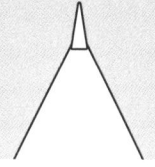

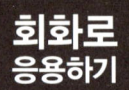

회화로 응용하기

다음 회화를 큰 소리로 다섯 번 낭독하세요.

☐ ☐ ☐ ☐ ☐

A Angelina Jolie filed for divorce.

B What? She filed for divorce from Brad Pitt? Hard to believe. I've never thought they would break up[1].

A Me, neither[2]. But it happened.

B Then what about their children?

A That's a thorny issue. Both of Jolie and Pitt want to have custody of their children.

B I understand. So where are the children now?

A Jolie rented a home in L.A. area and is staying there with her children.

B They should work out issues for the children as soon as possible.

A I think so, too.

A 안젤리나 졸리가 이혼 소송을 냈어.
B 뭐? 브래드 피트와 이혼 소송을 냈다고?
  안 믿어져. 난 그 사람들이 헤어질 거라고는 생각도 못했는데.
A 나도 그래. 하지만 그런 일이 일어났네.
B 그러면 애들은?
A 그게 골치 아픈 문제야. 졸리와 피트 둘 다 애들을 맡겠다니까.
B 이해돼. 그래서 애들은 지금 어디에 있는데?
A 졸리가 L.A. 지역에 있는 집을 렌트해서 지금 아이들과 함께 있어.
B 애들을 위해서라도 가능한 한 빨리 문제들을 해결해야 될 텐데.
A 그러게 말이야.

---

1) break up 헤어지다
2) Me, neither. (부정적인 의견에 대해) 나도 그래.

DAY 1

페이스북의 인스타그램 인수는 신의 한 수라는 말과 함께 세기의 기술 협정이라는 평을 받고 있습니다. 하지만 창업 당시 공동창업자의 뜻하지 않은 취업 비자 서류 문제로 인스타그램 창업 자체가 무산될 뻔하기도 했다는군요. 그 이야기를 함께합니다.

DAY 2

힌트 단어를 보며 전체 의미를 파악해 보세요.

Instagram

Instagram is emerging as Facebook's growth engine, / 1)making Mark Zuckerberg's purchase one of the greatest tech deals / of all time. / But 2)no tears for the photo-sharing app's cofounder, Kevin Systrom. / He's building an empire—/ and just made himself a billionaire. /
America's immigration system almost killed Instagram. / Back in 2009, / 3)frustrated with his inability to get a work visa, / cofounder Mike Krieger, / a Brazilian-born Stanford graduate / who shaped Instagram's product and vision, / was on the verge of decamping for his homeland. / At the 11th hour / his paperwork came through, / and Krieger, along with cofounder and CEO Kevin Systrom, / began to 4)build Instagram / into a social media giant / with half a billion users / and up to $50 billion in enterprise value. / The company has also created hundreds of U.S. jobs. /

emerge as
~로 부상하다, 부각되다

tears for ~에게는 통탄할 일

the photo-sharing app
사진 공유 어플

make oneself A
스스로 A가 되다

on the verge of
막 ~하기 직전인

decamp for ~로 서둘러 떠나다

at the 11th hour 막판에

up to ~에 이르는

독해가 쉬워지는 한끗
GRAMMAR

① 이 문장은 원래 and it (= Instagram) is making ~인데 앞의 〈접속사+주어+be동사〉를 빼고 이렇게 말했어요. 영어는 주어가 같을 때 〈접속사+주어+be동사〉를 빼고 쓰는 경향이 있어요. 참고로 〈make A B〉는 'A를 B로 만들다'예요.

② 이 앞에는 it is가 생략되어 있어요. 이때의 it은 앞에서 언급한 내용 전체를 가리켜요. 하지만 역시 굳이 안 써도 이해할 수 있는 문장이라서 빼고 썼습니다.

③ 문장 앞에 〈주어+동사〉 없이 이렇게 과거분사형이 나올 때는 문맥에 따라서 '~한 상태로, ~한 상태인, ~해서, ~이기 때문에' 등으로 해석돼요. 여기서는 '좌절한 상태인' 또는 '좌절한 상태로'로 해석할 수 있어요.

④ build A into B는 'A를 B의 상태로 만들다'의 뜻이에요.

차곡차곡 어휘 쌓기 A

단어와 뜻을 크게 읽으면서 영어 단어를 정성스레 쓰세요.

emerge	부상하다, 부각되다
growth engine	성장 엔진
purchase	매입, 구매
tech deal	기술 협정, 기술 거래
of all time	역대, 지금껏
tears for	~에게 통탄할 일
cofounder	공동창업자
empire	제국
billionaire	억만장자, 갑부
immigration	이민, 이주
frustrated	좌절한, 짜증난
inability	무능
graduate	대학 졸업생
vision	미래에 대한 비전, 발전적인 상상
on the verge of	막 ~하기 직전인
decamp	서둘러 떠나다, 도주하다
homeland	고국, 조국
at the 11th hour	막판에
paperwork	서류 작업, 문서 업무
come through	공식적으로 마무리되다
along with	~와 함께, ~와 마찬가지로
social media	소셜 미디어
half a billion	5억
enterprise value	기업 가치
create	창조하다, 만들어 내다

DAY 2

차곡차곡 어휘 쌓기 B

우리말을 보고 앞에서 학습한 단어를 쓰세요.

창조하다	5억	기업 가치
~와 함께	소셜 미디어	공식적으로 마무리되다
고국	서류 작업	막판에
서둘러 떠나다	미래에 대한 비전	막 ~하기 직전인
무능	대학 졸업생	좌절한, 짜증난
이민, 이주	제국	억만장자, 갑부
공동창업자	역대, 지금껏	~에게 통탄할 일
매입, 구매	기술 협정	성장 엔진
부상하다, 부각되다	공식적으로 마무리되다	만들어 내다
기업 가치	서둘러 떠나다	5억
서류 작업	~와 함께	막판에
발전적인 상상	~에게 통탄할 일	막 ~하기 직전인
대학 졸업생	무능	이민, 이주
제국	좌절한	역대, 지금껏
기술 거래	매입	공동창업자

의미해석

한 의미 단위씩 해석하세요.

Instagram

- ▶ Instagram is emerging as Facebook's growth engine, / making Mark Zuckerberg's purchase one of the greatest tech deals / of all time. /

- ▶ But no tears for the photo-sharing app's cofounder, Kevin Systrom. /

- ▶ He's building an empire—/ and just made himself a billionaire. /

- ▶ America's immigration system almost killed Instagram. /

- ▶ Back in 2009, / frustrated with his inability to get a work visa, / cofounder Mike Krieger, / a Brazilian-born Stanford graduate / who shaped Instagram's product and vision, / was on the verge of decamping for his homeland. /

- ▶ At the 11th hour / his paperwork came through, / and Krieger, along with cofounder and CEO Kevin Systrom, / began to build Instagram / into a social media giant / with half a billion users / and up to $50 billion in enterprise value. /

- ▶ The company has also created hundreds of U.S. jobs. /

확인학습

우리말 최종 해석을 보고 영어 문장으로 말한 다음 펜으로 쓰세요.

인스타그램

인스타그램이 페이스북의 성장 엔진으로서 부상하고 있다 / 그러면서 마크 저커버그의 (인스타그램) 매입을 최고의 기술 협정 가운데 하나로 만들고 있다 / 역대급이다. / 하지만 (그 협정이) 사진 공유 앱의 공동창업자인 케빈 시스트롬에게 전혀 통탄할 일이 아니다. / 그는 지금 제국을 건설 중에 있다 / 그리고 자신을 억만장자로 만들었다. /

미국 이민 시스템이 하마터면 인스타그램을 죽일 뻔했다. / 2009년으로 돌아가서, / 당시 취업 비자를 받아내지 못하는 자신의 무능력에 좌절한 / 공동창업자 마이크 크리거는, / 브라질 태생의 스탠포드 졸업생으로 / 인스타그램의 상품과 비전을 만든 인물이었는데 / 자기 고국으로 막 서둘러 떠나야 할 처지에 있었다. / 막판에, 그의 서류 작업이 공식적으로 마무리되었고, / 그래서 크리거는, 공동창업자이자 CEO인 케빈 시스트롬과 함께 / 인스타그램을 만들기 시작하여 / 소셜 미디어의 거물로 키웠으며 / 5억 명의 유저와 / 그리고 500억 달러에 달하는 기업 가치를 만들어 냈다. / 이 회사는 또 수백 개의 미국 내 일자리를 만들어 내기도 했다. /

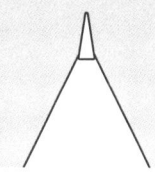

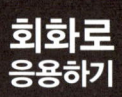

다음 회화를 큰 소리로 다섯 번 낭독하세요.

☐ ☐ ☐ ☐ ☐

A Have you posted your pictures on[1] Instagram?

B Instagram? What is it?

A It is a photo-sharing application.

B Photo-sharing application? Sounds familiar.

A Facebook bought Instagram in 2012.

B Is that right? Who founded[2] Instagram?

A Two cofounders called Kevin Systrom and Mike Krieger.

B Oh, I've heard of Kevin Systrom. He became a billionaire.

A That's right. Now Instagram is emerging as Facebook's growth engine.

A 너 인스타그램에 사진 올려 봤어?
B 인스타그램? 그게 뭐야?
A 사진 공유 어플이야.
B 사진 공유 어플? 들어 본 것 같은데.
A 페이스북이 인스타그램을 2012년에 샀어.
B 그래? 누가 인스타그램을 창업한 건데?
A 공동창업자가 두 명 있는데 케빈 시스트롬과 마이크 크리거야.
B 아, 케빈 시스트롬 들어 봤어. 그 사람 억만장자 됐잖아.
A 맞아. 지금 인스타그램이 페이스북의 성장 엔진으로 부상하고 있지.

1) post pictures on ~에 사진을 올리다
2) found 세우다, 설립하다

뉴욕 맨하탄 5번가의 트럼프 타워. 이걸 세우면서 트럼프는 맨하탄의 거물로 거듭났습니다. 하지만 기존 땅에 있던 백화점 철거 과정에서 일어난 범법 행위에 직접 관여했다는 죄목으로 오랜 시간 법정 다툼을 이어 왔었죠. 그 트럼프와 트럼프 타워 이야기입니다.

DAY 3

힌트 단어를 보며 전체 의미를 파악해 보세요.

Trump & Trump Tower

The Fifth Avenue glass skyscraper signaled Trump's arrival / as a proper Manhattan mogul. / But the contractor / 1)he hired in 1980 to demolish the existing Bonwit Teller department store / allegedly used a small army of undocumented Polish laborers, /who were paid off the books, / 2)to work 12 hours a day, 7 days a week. / Trump spent years in court 3)battling a ruling / 4)that he was involved in the scheme. / He still denies wrongdoing. / Trump Tower is worth $159 million less this year / due to an estimated 20% drop in the building's net operating income / and an estimated 8% decline / due to overall softening in Manhattan commercial real estate. / Trump lives in the tower's three-story penthouse. /

skyscraper 마천루
signal one's arrival as
~로서의 자리매김을 시사하다
mogul 거물
contractor 하도급업자
allegedly 전하는 바에 따르면
undocumented 밀입국의
be paid off the book 장부에 기록 안 된 채로 비공식 급여를 받다
ruling 결정, 판결
net operating income
순 영업 소득

독해가 쉬워지는 한끗
GRAMMAR

① he hired ~ department store가 앞의 the contractor를 꾸며 줘요.
② 이 앞에는 who were가 생략되었는데, 〈be동사+to+동사원형〉에는 '~해야 한다'라는 의무의 뜻이 있어요.
③ 문장 앞이나 중간에 〈동사-ing〉가 나오면 '~하는, ~한다면, ~하면서' 등으로 문맥에 맞게 이해해 보세요. 여기서는 '~하면서'의 뜻이 자연스러워요.
④ that 이하의 내용이 바로 앞에 나온 ruling(판결)의 내용을 뒷받침하고 있어요.

차곡차곡 어휘 쌓기 A

단어와 뜻을 크게 읽으면서 영어 단어를 정성스레 쓰세요.

skyscraper	마천루, 초고층건물
signal	시사하다, 암시하다
arrival	도래, 도착
proper	적절한, 제대로 된, 참된
mogul	거물, 실력자
contractor	하도급업자, 계약자
hire	고용하다
demolish	(건물을) 철거하다, 무너뜨리다
existing	기존의
allegedly	전해진 바에 의하면
a small army of	~의 작은 무리[군대]
undocumented	이주·취업 증명서가 없는
Polish	폴란드의
laborer	노동자
off the books	장부에 오르지 않은 상태로
battle	싸우다, 투쟁하다
ruling	결정, 판결
be involved in	~에 연루되다
scheme	책략, 계획
deny	부인하다, 부정하다
wrongdoing	범법 행위, 부정 행위
worth	~의 값어치가 있는
due to	~ 때문에
estimated	견적의, 추측의
drop	하락, 감소
net operating income	순 영업 소득
decline	감소, 하락
overall	전체의, 종합적인
softening	완화
commercial real estate	상업용 부동산

DAY 3

차곡차곡 어휘 쌓기 B

우리말을 보고 앞에서 학습한 단어를 쓰세요.

초고층건물, 마천루	순 영업 소득	시사하다, 암시하다
(건물을) 철거하다	전해진 바에 의하면	이주·취업 증명서가 없는
결정, 판결	범법 행위, 부정 행위	~의 작은 무리[군대]
책략, 계획	~의 값어치가 있는	~에 연루되다
견적의, 추측의	~ 때문에	장부에 오르지 않은 상태로
도래, 도착	적절한, 제대로 된	부인하다, 부정하다
완화	거물, 실력자	하도급업자, 계약자
고용하다	(건물을) 철거하다	하락, 감소
전해진 바에 의하면	기존의	~의 작은 무리[군대]
폴란드의	장부에 오르지 않은 상태로	노동자
결정, 판결	싸우다, 투쟁하다	~에 연루되다
부인하다, 부정하다	책략, 계획	범법 행위, 부정 행위
~ 때문에	견적의, 추측의	~의 값어치가 있는
하락, 감소	감소, 하락	순 영업 소득
전체의, 종합적인	완화	상업용 부동산

의미해석

한 의미 단위씩 해석하세요.

Trump & Trump Tower

- ▶ The Fifth Avenue glass skyscraper signaled Trump's arrival /

  as a proper Manhattan mogul. /

- ▶ But the contractor /

  he hired in 1980 to demolish the existing Bonwit Teller department store /

  allegedly used a small army of undocumented Polish laborers, /

  who were paid off the books, / to work 12 hours a day, 7 days a week. /

- ▶ Trump spent years in court battling a ruling / that he was involved in the scheme. /

- ▶ He still denies wrongdoing. /

- ▶ Trump Tower is worth $159 million less this year /

  due to an estimated 20% drop in the building's net operating income /

  and an estimated 8% decline /

  due to overall softening in Manhattan commercial real estate. /

- ▶ Trump lives in the tower's three-story penthouse. /

확인학습

우리말 최종 해석을 보고 영어 문장으로 말한 다음 펜으로 쓰세요.

트럼프와 트럼프 타워

5번가의 이 유리로 된 마천루가 트럼프의 도착을 시사했다 / 제대로 된 맨하탄의 거물로 말이다. / 하지만 하도급업자를 / 기존에 있던 본윗텔러 백화점을 철거하기 위해서 1980년에 트럼프가 고용했는데 / 알려진 바에 따르면 그가 취업 증명서가 없는 폴란드 노동자들을 소규모 이용했다고 한다, / 이 폴란드 노동자들은 무장부 급여를 받았고, 하루에 12시간, 일주일에 7일을 일해야 했다. / 트럼프는 판결과 싸우면서 수년 간 법정에서 보냈다 / 그 판결은 그가 그 계략에 연루되어 있다는 것이었다. / 그는 지금도 여전히 범법 행위를 부인하고 있다. / 트럼프 타워는 그 가치가 올해 1억 5천 9백만 달러 떨어졌다 / 그것은 견적상, 건물 순영업 소득에서의 20% 하락 / 그리고 견적상 8%의 하락에 기인한 것으로 / 이 8%의 하락은 맨하탄 상업용 부동산의 전체적인 가격 완화에 따른 것이었다. / 트럼프는 그 타워의 3층짜리 펜트하우스에서 살고 있다. /

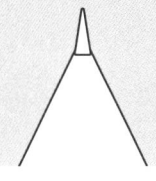

회화로 응용하기

다음 회화를 큰 소리로 다섯 번 낭독하세요.

☐ ☐ ☐ ☐ ☐

- **A** Have you seen the Trump Tower on the Fifth Avenue?
- **B** Yes, of course. It's overwhelming[1].
- **A** When it was built, it signaled Trump's arrival as a proper Manhattan mogul.
- **B** I know. But Trump had to spend years in court because of the building.
- **A** Why?
- **B** He still denies wrongdoing, but the contractor he had hired allegedly used undocumented Polish laborers.
- **A** I've heard a lot of bad things about Trump, but his wrongdoing keeps coming up[2].

- A 5번가에 있는 트럼프 타워 본 적 있어?
- B 그럼. 정말 압도적이던데.
- A 그게 지어졌을 때 트럼프가 맨하탄의 거물 자리에 제대로 자리하게 된 걸 시사했었지.
- B 알아. 하지만 트럼프가 그 건물 때문에 몇 년을 법정에서 보내야 했잖아.
- A 왜?
- B 지금도 트럼프는 범법 행위를 부인하고 있지만 그가 취업 증명서가 없는 폴란드 노동자들을 이용했다는 얘기가 있어.
- A 그동안 트럼프에 관한 나쁜 얘기들 정말 많이 들었는데도 그 사람 범법 행위는 계속 드러나는구나.

---

1) overwhelming 압도적인, 대단히 큰
2) keep coming up 계속 떠오르다, 계속 생겨나다

DAY 3

미국인들은 기부 문화에 익숙합니다. 기부를 하든 하지 않든 기부 자체를 생소하게 느끼지 않는다는 것입니다. 이런 미국인들조차도 깜짝 놀라게 한 페이스북의 마크 저커버그. 오늘은 그의 기부에 관한 이야기입니다.

DAY 4

힌트 단어를 보며 전체 의미를 파악해 보세요.

Mark Zuckerberg and Facebook

Mark Zuckerberg and his wife Priscilla Chan made an audacious bet, / [1)]promising to spend $3 billion of their fortune over the next decade / [2)]to manage, cure or prevent all disease by the end of the century. / The move follows the couple's decision / to give away 99% of their Facebook stock over their lifetime / [2)]"to advance human potential." / The potential payout to the world / has shot up / [3)]as the price of Facebook stock soared 40% in the 12 months / through late September. / The surge added $15.2 billion to Zuckerberg's fortune, / [1)]lifting him into the top 5 on The Forbes 400 for the first time. / Under his leadership, / Facebook is reaping billions from mobile ad sales. / In April / it introduced the ability to stream live videos with Facebook Live. / In March 2016, / Facebook began shipping its virtual reality headsets. / Zuckerberg, a Harvard dropout, founded the social network in 2004 / when he was 19.

audacious 대담한
fortune 재산
over the next decade 앞으로 10년에 걸쳐
by the end of the century 이번 세기 말까지
move 조치, 행동
give away 기부하다

over one's lifetime 평생에 걸쳐
potential 잠재력, 가능성, 잠재적인
payout 지불금
add A to B A를 B에 더하다
reap 거두다
ship 출하하다

독해가 쉬워지는 한꾸
GRAMMAR

① promising ~ = and they promised ~ / = while they promised
lifting ~ = and it lifted ~ / = while it lifted

② 이 〈to+동사원형〉은 '~하기 위해서'의 목적의 의미로 쓰였습니다.

③ as는 여러 뜻이 있는 접속사인데, 여기서는 '~함에 따라, ~라서'의 의미로 쓰였어요.

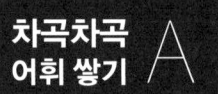

단어와 뜻을 크게 읽으면서 영어 단어를 정성스레 쓰세요.

audacious	대담한
bet	베팅, 내기
fortune	재산
decade	10년
manage	다루다, 관리하다
cure	치유하다
prevent	예방하다, 막다
century	세기
move	조치, 행동
follow	~의 뒤를 잇다
give away	기부하다
stock	주식
lifetime	일생, 평생
advance	증진시키다, 진전을 보다
potential	잠재력, 가능성; 잠재적인
payout	지불금
shoot up	급증하다, 급등하다
soar	치솟다
surge	급증, 급등
add	덧붙이다, 보태다
lift	들어올리다
reap	거두다, 수확하다
mobile ad sales	모바일 광고 매출
stream	스트림 처리하다
ship	출하하다
virtual reality headset	가상 현실 헤드폰
dropout	중퇴자
found	설립하다

DAY 4

차곡차곡 어휘 쌓기 B

우리말을 보고 앞에서 학습한 단어를 쓰세요.

베팅, 내기

10년

조치, 행동

주식

일생, 평생

지불금

들어올리다

설립하다

출하하다

중퇴자

치솟다

세기

~의 뒤를 잇다

재산

다루다, 관리하다

재산

다루다, 관리하다

세기

~의 뒤를 잇다

치솟다

잠재력; 잠재적인

급증, 급등

대담한

스트림 처리하다

거두다, 수확하다

예방하다, 막다

10년

일생, 평생

베팅, 내기

조치, 행동

대담한

치유하다

예방하다, 막다

기부하다

급증하다, 급등하다

증진시키다, 진전을 보다

덧붙이다, 보태다

가상 현실 헤드폰

모바일 광고 매출

주식

대담한 내기

다루다, 관리하다

가상 현실

치솟다

잠재력, 가능성; 잠재적인

의미해석

한 의미 단위씩 해석하세요.

▶ Mark Zuckerberg and his wife Priscilla Chan made an audacious bet, /

promising to spend $3 billion of their fortune over the next decade /

to manage, cure or prevent all disease by the end of the century. /

▶ The move follows the couple's decision /

to give away 99% of their Facebook stock over their lifetime /

"to advance human potential." /

▶ The potential payout to the world / has shot up /

as the price of Facebook stock soared 40% in the 12 months /

through late September. /

▶ The surge added $15.2 billion to Zuckerberg's fortune, /

lifting him into the top 5 on The Forbes 400 for the first time. /

▶ Under his leadership, / Facebook is reaping billions from mobile ad sales. /

▶ In April / it introduced the ability to stream live videos with Facebook Live. /

▶ In March 2016, / Facebook began shipping its virtual reality headsets. /

▶ Zuckerberg, a Harvard dropout, founded the social network in 2004 / when he was 19. /

확인학습

우리말 최종 해석을 보고 영어 문장으로 말한 다음 펜으로 쓰세요.

마크 저커버그와 페이스북

마크 저커버그와 그의 아내 프리실라 챈이 과감한 배팅을 하여, / 앞으로 10년에 걸쳐서 자기들 재산 중 30억 달러를 쓰겠다고 약속했다 / 21세기 말까지 모든 병을 관리하고 고치거나 예방하기 위해서이다. / 그런 움직임은 이 커플이 내린 결정의 뒤를 잇는 것으로 / 평생에 걸쳐 자신들의 페이스북 주식의 99%를 기부하겠다는 결정이며 / "인간의 잠재력을 향상시키기 위한" 것이다. / 세상을 향한 그 잠재적 지불 금액은 / 급등했다 / 12개월 동안 페이스북 주가가 40% 치솟음에 따라서 말이다. / (이게) 지난 9월까지의 상황이었다. / 그런 급등은 152억 달러를 저커버그 재산에 더해 주었고, / 처음으로 그를 Forbes 400대 기업 리스트의 Top 5 자리에 올려 놓았다. / 그의 리더십 하에 / 페이스북은 모바일 광고 매출에서 수십억 달러를 거두어 들였다. / 4월에는 / 페이스북이 페이스북 라이브를 통해서 라이브 비디오를 스트리밍 처리할 수 있는 능력을 선보였다. / 2016년 3월에, / 페이스북은 가상 현실 헤드셋을 출하하기 시작했다. / 저커버그는 하버드 중퇴자로 2004년에 소셜 네트워크를 창업했다 / 그때 그의 나이 19세였다. /

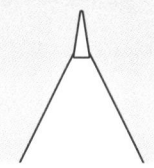

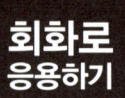

다음 회화를 큰 소리로 다섯 번 낭독하세요.

☐ ☐ ☐ ☐ ☐

A Zuckerberg and his wife promised to spend $3 billion of their fortune over the next decade.

B What? $3 billion? Where?

A They wanted to manage, cure or prevent all disease by the end of the century.

B Wow, it sounds surreal[1].

A Doesn't it? And they also decided to give away 99% of their Facebook stock over their lifetime to advance human potential.

B You know what? Facebook introduced the ability to stream live videos with Facebook Live.

A I know. And it began shipping its virtual reality headsets.

B Facebook keeps evolving without stop.

A 저커버그와 그 사람 아내가 재산 중 30억 달러를 앞으로 10년에 걸쳐 쓰기로 약속했어.
B 뭐? 30억 달러를? 어디에?
A 21세기 말까지 모든 병을 관리하고 치료하거나 예방하고 싶다는 거였어.
B 와, 정말 믿을 수 없는 일이네.
A 그렇지? 그리고 또 자기들이 소유한 페이스북 주식의 99%를 평생 동안 인간의 잠재력을 향상시키기 위해서 기부하겠다고 결정했대.
B 그거 알아? 페이스북이 페이스북 라이브를 통해 라이브 비디오를 스트리밍 하는 능력을 선보였어.
A 알지. 그리고 가상 현실 헤드셋 출하도 시작했잖아.
B 페이스북은 멈추지 않고 계속 진화하는군.

---

1) surreal 초현실적인, 믿을 수 없는, 꿈 같은

기계가 웬만한 일을 대신하고 있지만 이것에는 분명 한계가 있습니다. 요즘은 사람들의 협력과 융통성, 그리고 감정 이입 즉, 기계에서는 찾을 수 없는 인간의 특성이 빛을 발하는 때입니다. 지금 시대가 원하는 사회적 기능에 관한 이야기를 같이 확인해 봅니다.

힌트 단어를 보며 전체 의미를 파악해 보세요.

DAY 5

Social Skills

For all the jobs [1)]that machines can now do /—whether performing surgery, driving cars or serving food—/ they still lack one distinctly human trait. / They have no social skills. / Yet skills like cooperation, empathy and flexibility / have become increasingly vital / in modern-day work. / Occupations [1)]that require strong social skills / have grown [2)]much more than others [3)]since 1980, / according to new research. / And the only occupations / [1)]that have shown consistent wage growth [3)]since 2000 / require both cognitive and social skills. / The findings help explain a mystery / [1)]that has been puzzling economists: / the slowdown in the growth even of high-skill jobs. / [4)]The jobs hit hardest / seem to be those [1)]that don't require social skills. /

trait 특성
empathy 감정 이입, 공감
according to ~에 따르면
cognitive 인지적인
finding 결과

독해가 쉬워지는 한끗
GRAMMAR

① 1)로 표시된 부분은 모두 that이 뒤에 오는 말과 함께 앞에 나온 단어 jobs, occupations, mystery, those 등을 꾸미는 구조예요.

② much는 '많이'의 뜻이에요. '더 많이'는 more지요. 그럼 much more는 '많이 더 많이'의 뜻일까요? 아뇨, 이때 much는 비교급 more 앞에 놓여 '훨씬'의 의미를 더해 주는 말이랍니다.

③ since가 '~ 이후로, ~ 이래로'의 뜻일 때는 그 앞에 보통 〈have+p.p.〉의 형태가 와요. since 뒤에 오는 시점 이후로 죽 그래 왔다는 것을 표현합니다.

④ The jobs hit hardest = The jobs which were hit hardest

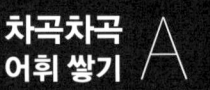

단어와 뜻을 크게 읽으면서 영어 단어를 정성스레 쓰세요.

social	사회의, 사회적인
skill	기능, 기술
for	~치고는, ~라고는 하지만
perform surgery	외과 수술을 하다
lack	~이 부족하다
distinctly	명백하게, 정말로
trait	특성
cooperation	협동, 협력
empathy	감정 이입, 공감
flexibility	융통성
increasingly	점점 더 갈수록
vital	필수적인, 절대적인
modern-day	현대의
occupation	직업
require	필요하다, 요구하다
much more	훨씬 많이
consistent	한결 같은, 변함없는
wage growth	임금 상승
cognitive skill	인지 기술
finding	결과
mystery	수수께끼, 미스터리
puzzle	이해할 수 없게 만들다
slowdown	둔화
high-skill	기술력이 높은
hit hardest	가장 심하게 타격을 받은
those	그것들

DAY 5

차곡차곡 어휘 쌓기 B

우리말을 보고 앞에서 학습한 단어를 쓰세요.

~이 부족하다	외과 수술을 하다	~치고는, ~라고는 하지만
그것들	기술력이 높은	가장 심하게 타격을 받은
결과	둔화	이해할 수 없게 만들다
한결 같은	임금 상승	명백하게, 정말로
직업	현대의	필요하다, 요구하다
융통성	협동, 협력	감정 이입, 공감
특성	기능, 기술	인지 기술
필수적인, 절대적인	사회의	미스터리, 수수께끼
이해할 수 없게 만들다	한결 같은	기술력이 높은
점점 더 갈수록	명백하게, 정말로	현대의
~치고는, ~라고는 하지만	특성	협동, 협력
감정 이입	그것들	직업
둔화	결과	임금 상승
인지 기술	융통성	~이 부족하다
협동, 협력	가장 심하게 타격을 받은	훨씬 많이

의미해석

한 의미 단위씩 해석하세요.

Social Skills

▶ For all the jobs that machines can now do /

—whether performing surgery, driving cars or serving food—/

they still lack one distinctly human trait. /

▶ They have no social skills. /

▶ Yet skills like cooperation, empathy and flexibility /

have become increasingly vital / in modern-day work. /

▶ Occupations that require strong social skills /

have grown much more than others since 1980, / according to new research. /

▶ And the only occupations / that have shown consistent wage growth since 2000 /

require both cognitive and social skills. /

▶ The findings help explain a mystery / that has been puzzling economists: /

the slowdown in the growth even of high-skill jobs. /

▶ The jobs hit hardest / seem to be those that don't require social skills. /

확인학습

우리말 최종 해석을 보고 영어 문장으로 말한 다음 펜으로 쓰세요.

사회적 기능

기계가 지금 할 수 있는 모든 직업들 치고 / 외과 수술을 하든, 자동차 운전을 하든 아니면 음식 서빙을 하든 간에 / 기계는 여전히 명백하게 인간만의 특성 한 가지가 부족하다. / 기계들에게는 사회적 기능이 없다. /

하지만 협동, 공감, 그리고 융통성 같은 기능은 / 점점 더 필수적인 것들이 되어 왔다 / 현대적인 일에서 그렇다. / 강력한 사회적 기능을 요구하는 직업들은 / 1980년도 이래로 다른 직업들에 비해서 훨씬 더 성장해 왔다 / 새로운 연구에 따르면 말이다. / 그리고 유일한 직업들은 / 2000년 이래로 그동안 일관되게 임금 상승을 보여 왔는데 / 인지 기능과 사회적 기능 둘 다를 요구한다. /

이런 결과는 미스터리를 설명하는 데 도움을 준다 / 이는 경제학자들을 이해할 수 없게 만들었던 것으로 / 심지어 높은 기술력을 요하는 일 중에서의 성장의 둔화이다. / 가장 타격을 심하게 받은 / 직업들은 사회적 기능을 요구하지 않는 직업들인 것 같다. /

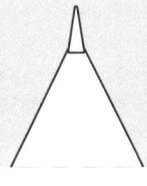

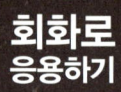

다음 회화를 큰 소리로 다섯 번 낭독하세요.

A Machines can now do all the jobs.

B You're right. They can perform surgery, drive cars or serve food.

A People have lost their jobs because of machines.

B I know, but they still lack one human trait: social skills.

A You can say that again. Skills like cooperation, empathy and flexibility have become increasingly vital in modern-day work.

B And the only occupations that have shown consistent wage growth since 2000 require both cognitive and social skills.

A Even high-skill jobs experience the slowdown in the growth when they don't require social skills.

A 지금은 기계가 지금 못하는 일이 없어.
B 맞아. 기계가 외과 수술도 할 수 있지, 차도 운전할 수 있지, 아님 음식도 서빙할 수 있잖아.
A 사람들이 기계 때문에 일자리를 다 잃었어.
B 그러게. 하지만 아무리 그래도 기계는 인간에게 있는 한 가지 특성이 없어. 사회적 기능 말이야.
A 맞는 말이야. 협력, 감정 이입, 융통성 같은 기능이 현대 사회의 일에서 점점 중요해지고 있잖아.
B 게다가 2000년 이후로 지속적인 임금 상승을 보이고 있는 유일한 직업들은 인지 기능과 사회적 기능 모두를 요구하고 있기도 하고.
A 심지어 높은 기술력을 필요로 하는 일들마저 성장 둔화를 겪고 있다니까. 사회적 기능을 요하지 않는 직업일 경우에 말이야.

STEP 1 앞서 배운 내용을 상대방에게 실제 이야기하듯 스피치 훈련을 하세요.
STEP 2 스피치 훈련이 끝나면 원하는 대로 필사 또는 해석 훈련을 하세요.

1. Angelina Jolie filed for divorce from Brad Pitt. Jolie rented a home in L.A. area and is staying with their children. Jolie and Pitt are focused on divorce negotiations and working out thorny custody issues. Six of their children don't leave the rental house for days, which must be hard for them.

2. Do you post your pictures on Instagram? Do you know a lot about Instagram? It is a photo-sharing app. It is emerging as Facebook's growth engine. Mark Zuckerberg bought Instagram. Cofounders of Instagram, Mike Krieger and Kevin Systrom, made it a social media giant with up to $50 billion in enterprise value.

3   Trump Tower meant Trump's arrival as a proper Manhattan mogul. But his contractor hired undocumented Polish laborers, which made Trump spend years in court battling a ruling. The ruling said Trump had been involved in the scheme. He still denies wrongdoing. Trump lives in the tower's three-story penthouse.

4   Mark Zuckerberg and his wife promised to spend $3 billion of their fortune over the next decade to manage, cure or prevent all disease by the end of the century. The couple also decided to give away 99% of their Facebook stock over their lifetime to advance human potential.

5   Even though machines can do all the jobs, they still lack social skills like cooperation, empathy and flexibility. Those skills have become vital in modern-day work. The only occupations that have shown consistent wage growth since 2000 require both cognitive and social skills.

DAY 6

철폐됐다고 하지만 인도는 아직까지 신분 계급 제도 카스트의 지배를 받고 있습니다. 여전히 하층 계급은 천대와 멸시의 대상이죠. 그런데 하층 계급의 한 10대 소녀가 이 제도에 반기를 들고 나섰습니다. 인도 사회에 서서히 새로운 변화의 기운이 감지되고 있다는 이야기를 전합니다.

힌트 단어를 보며 전체 의미를 파악하고 음원을 듣고 낭독하세요.

Rape in India

FOR ¹⁾as long as anyone can remember, / upper-caste men in a village here in northern India / preyed on young girls. / The rapes continued / because there was no risk: / The girls were destroyed, / but the men faced no repercussions. / Now ²⁾that may be changing in the area, / partly because of the courage of one teenage girl / who is fighting back. / Indian law doesn't ³⁾permit naming rape victims, / so she said to call her Bitiya. / This isn't one more tragedy of sexual victimization / but rather a portrait of an indomitable teenager / ⁴⁾whose willingness ⁵⁾to take on the system inspires us / and helps protect other local girls. /

prey on 겁탈하다, 잡아먹다
repercussion 나쁜 영향
name 이름을 밝히다
not A but B A가 아니라 B
indomitable 불굴의
a portrait of ~의 묘사
help+동사원형
~하도록 도움을 주다

독해가 쉬워지는 한끗
GRAMMAR

① 이 문장에서 as long as의 해석에 주의하세요. '~하는 한'의 의미가 아니라 〈as+형용사+as〉의 형태로 '~만큼 긴'의 의미랍니다.
② that은 대명사로 구체적인 명사를 대신하기도 하지만, 이것처럼 앞에서 언급한 내용을 다시 받을 때도 쓸 수 있습니다.
③ permit은 '~을 허락하다'로 뒤에 허락하는 대상을 명사나 동명사(V-ing)로 나타낼 수 있어요.
④ whose ~ other local girls.는 관계대명사 구문으로 앞에 나온 teenager를 수식해 줍니다.
⑤ 〈to+동사원형〉은 여러 용법이 있는데, 여기서는 명사 뒤에 놓여 앞의 명사를 꾸며 주는 역할을 합니다. 즉, '대결하려는 자진하는 마음'이 되겠죠.

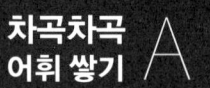

단어와 뜻을 크게 읽으면서 영어 단어를 정성스레 쓰세요.

rape	강간
as long as	~만큼의 오랜 시간
upper-caste	상류 카스트
prey on	~을 잡아먹다, 겁탈하다
risk	위험, 위험 요소
destroy	파괴하다, 죽이다
face	마주하다, 직면하다
repercussion	나쁜 영향
partly	부분적으로는
because of	~ 때문에
courage	용기
fight back	강력히 맞서다
permit	허락하다
name	이름을 밝히다
rape victim	성폭력 피해자
call A B	A를 B로 부르다
tragedy	비극, 비극적인 사건
sexual victimization	성적 희생
rather	오히려, 차라리
portrait	묘사, 초상
indomitable	불굴의
willingness	자진해서 하기, 기꺼이 하는 마음
take on	~와 대결하다
inspire	격려하다, 고무하다, 영감을 주다
protect	보호하다, 지키다
local	지역의, 현지의

DAY 6

차곡차곡 어휘 쌓기 B

우리말을 보고 앞에서 학습한 단어를 쓰세요.

보호하다, 지키다	지역의, 현지의	격려하다, 고무하다, 영감을 주다
불굴의	~와 대결하다	자진해서 하기, 기꺼이 하는 마음
오히려, 차라리	묘사, 초상	성적 희생
이름을 밝히다	비극(적인 사건)	성폭력 피해자
허락하다	강력히 맞서다	~ 때문에
부분적으로는	마주하다, 직면하다	나쁜 영향
강간	위험, 위험 요소	파괴하다, 죽이다
~을 겁탈하다	상류 카스트	~만큼의 오랜 시간
고무하다, 영감을 주다	보호하다, 지키다	A를 B로 부르다
마주하다, 직면하다	용기	강력히 맞서다
파괴하다, 죽이다	~을 잡아먹다, 겁탈하다	상류 카스트
위험, 위험 요소	나쁜 영향	강간
비극(적인 사건)	성폭력 피해자	묘사, 초상
지역의, 현지의	불굴의	성적 희생
~ 때문에	부분적으로는	자진해서 하기, 기꺼이 하는 마음

의미해석

한 의미 단위씩 해석하세요.

Rape in India

- ▶ FOR as long as anyone can remember, /

  upper-caste men in a village here in northern India / preyed on young girls. /

- ▶ The rapes continued / because there was no risk: /

- ▶ The girls were destroyed, / but the men faced no repercussions. /

- ▶ Now that may be changing in the area, /

  partly because of the courage of one teenage girl /

  who is fighting back. /

- ▶ Indian law doesn't permit naming rape victims, /

  so she said to call her Bitiya. /

- ▶ This isn't one more tragedy of sexual victimization /

  but rather a portrait of an indomitable teenager /

  whose willingness to take on the system inspires us /

  and helps protect other local girls. /

확인학습

우리말 최종 해석을 보고 영어 문장으로 말한 다음 펜으로 쓰세요.

인도에서의 강간

누구나 기억할 정도로 오랜 세월 동안, / 여기 인도 북부에 있는 한 마을 내 상류 카스트 남성들은 / 어린 여자아이들을 겁탈했다. / 강간은 계속되었다 / 아무런 위험이 없기 때문이었다 / 여자아이들은 무참히 파괴되었다 / 하지만 그 남자들은 그로 인한 어떤 악영향도 직면하지 않았다. / 이제 그런 상황이 그 지역에서 앞으로 바뀌게 될 지도 모른다, / 부분적으로는 한 10대 소녀의 용기 때문인데 / 그녀는 지금 (그 상황에) 강력히 맞서고 있다. / 인도법은 강간 희생자의 이름을 밝히지 못하도록 되어 있다 / 그래서 그녀는 자신을 비티야로 불러 달라고 했다. / 이 이야기는 성적 희생에 대한 또 한 번의 비극이 아니라 / 그보다는 오히려 불굴의 한 10대 소녀에 대한 묘사이다 / 제도에 맞서고자 하는 그녀의 자발적인 의지가 우리에게 힘을 주고 / 다른 지역의 소녀들을 보호하는 데 도움이 되고 있다. /

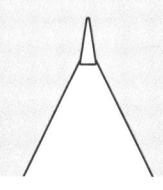

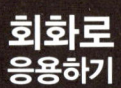

회화로 응용하기

다음 회화를 큰 소리로 다섯 번 낭독하세요.

☐ ☐ ☐ ☐ ☐

A You still remember the caste system in India?

B Caste system in India? Yes, a little. Why?

A Upper-caste men in northern India have preyed on young girls.

B Why have the rapes still continued?

A Because there has been no risk. The men have faced no repercussions.

B Sounds disgusting[1].

A You know what? A teenage girl is fighting back against the caste system.

B Her courage may be changing the situation.

A I hope so.

A 너 아직 인도의 카스트제도 기억나?
B 인도의 카스트제도? 응, 조금. 왜?
A 인도 북부에서 상류 카스트 남자들이 그동안 어린 여자아이들을 겁탈해 왔대.
B 왜 강간이 아직도 계속되는 거야?
A 위험 요소가 전혀 없기 때문이지. 그 남자들은 아무런 악영향을 받지 않아 왔던 거야.
B 듣고 있자니 역겹네.
A 그거 알아? 한 10대 소녀가 그 카스트 제도에 강력히 맞서고 있어.
B 그녀의 용기가 그 상황을 변화시키게 될 지도 모를 일이네.
A 그랬으면 좋겠다.

---

1) disgusting 역겨운

직장 내 암적 존재인 사람이 내뱉는 상처 주는 말 한마디와 거친 행동은 직장 분위기를 해치는 것은 물론, 동료들의 건강과 정신 상태, 그리고 실적에까지 악영향을 미칠 수 있습니다. 이번에는 직장 내 암적 존재에 관한 이야기입니다.

DAY 7

힌트 단어를 보며 전체 의미를 파악하고 음원을 듣고 낭독하세요.

Incivility & Health

Rudeness and bad behavior 1)have grown over the last decades, / particularly at work. / For nearly 20 years / 1)I've been studying, consulting and collaborating with organizations around the world / 2)to learn more about the costs of this incivility. / How we treat one another at work / matters. / Insensitive interactions have a way of whittling away / at people's health, performance and souls. /
Intermittent stressors /—3)like experiencing or witnessing uncivil incidents / or even replaying one in your head—/ elevate levels of hormones called glucocorticoids / throughout the day, / potentially 4)leading to a host of health problems, / 3)including increased appetite and obesity./
A study published in 2012 / that tracked women for 10 years / concluded / that stressful jobs increased the risk / of a cardiovascular event / by 38 percent. /

incivility 무례
whittle away at ~을 악화시키다
intermittent 간헐적인
throughout the day 하루 종일
a host of 다수의
cardiovascular 심혈관의
by 38 percent 38%까지

독해가 쉬워지는 한끗
GRAMMAR

① 과거의 어느 한 시점에서 시작되어 현재까지 계속 되는 것은 [have+p.p.]로 표현하며, 여기에 진행의 의미를 더하고 싶을 때는 [have been V-ing]로 나타냅니다.
② 이때의 [to+동사원형]은 '~하기 위해서'라는 목적의 의미도 가능하지만 '(앞의 행동을 통해) ~하게 되다'의 뜻도 됩니다.
③ like와 including은 전치사입니다. like는 전치사로 '(예를 들어) ~ 같은, ~처럼'의 뜻이며, including은 '~을 포함하여'의 뜻이에요. 뒤에는 (동)명사가 옵니다.
④ 문장 중간에 이렇게 [V-ing]가 올 때는 문맥에 따라서 '~한다면, ~하면서, ~해서, 그리고 ~하다'로 해석할 수 있는데, 여기서는 '그리고 ~하다'의 의미로 이해하면 자연스럽습니다.

단어와 뜻을 크게 읽으면서 영어 단어를 정성스레 쓰세요.

incivility	무례, 실례
rudeness	무례함
decades	수십 년
collaborate	공동으로 작업하다
organization	조직, 단체, 기구
cost	희생, 손실, 대가
treat	(사람을) 대하다
one another	서로
matter	중요하다, 문제되다
insensitive interaction	남의 감정에 둔감한 말이나 행동
have a way of	흔히 ~하게 되다
whittle away	차츰 깎아내리다, 차츰 약화시키다
performance	실적, 성과
soul	마음, 정신, 사람
intermittent	간헐적인
stressor	스트레스 요인
witness	목격하다
uncivil	정중하지 못한
incident	일, 사건
elevate	높이다, 증가시키다
potentially	잠재적으로
lead to	~로 이어지다
a host of	다수의
appetite	식욕
obesity	비만
track	추적하다
conclude	결론을 내리다
stressful	스트레스가 많은
increase	상승시키다
cardiovascular	심혈관의

DAY 7

차곡차곡 어휘 쌓기 B

우리말을 보고 앞에서 학습한 단어를 쓰세요.

상승시키다	스트레스가 많은	심혈관의
추적하다	비만	결론을 내리다
식욕	다수의	잠재적으로
일, 사건	정중하지 못한	높이다, 증가시키다
목격하다	~로 이어지다	스트레스 요인
(사람을) 대하다	서로	남의 감정에 둔감한 말이나 행동
실적, 성과	간헐적인	마음, 정신, 사람
중요하다	차츰 깎아내리다	흔히 ~하게 되다
희생, 손실	조직, 단체, 기구	공동으로 작업하다
무례함	수십 년	무례, 실례
높이다	흔히 ~하게 되다	차츰 깎아내리다
추적하다	결론을 내리다	정중하지 못한
공동으로 작업하다	(사람을) 대하다	중요하다, 문제되다
간헐적인	상승시키다	비만
~로 이어지다	목격하다	남의 감정에 둔감한 말이나 행동

의미해석

한 의미 단위씩 해석하세요.

Incivility & Health

- ▶ Rudeness and bad behavior have grown over the last decades, / particularly at work. /

- ▶ For nearly 20 years / I've been studying, consulting /

  and collaborating with organizations around the world /

  to learn more about the costs of this incivility. /

- ▶ How we treat one another at work / matters. /

- ▶ Insensitive interactions have a way of whittling away /

  at people's health, performance and souls. /

- ▶ Intermittent stressors /—like experiencing or witnessing uncivil incidents /

  or even replaying one in your head—/

  elevate levels of hormones called glucocorticoids / throughout the day, /

  potentially leading to a host of health problems, /

  including increased appetite and obesity. /

- ▶ A study published in 2012 / that tracked women for 10 years / concluded /

  that stressful jobs increased the risk / of a cardiovascular event / by 38 percent. /

확인학습

우리말 최종 해석을 보고 영어 문장으로 말한 다음 펜으로 쓰세요.

무례함과 건강

무례함과 나쁜 행동은 지난 수십 년에 걸쳐서 점점 늘고 있다 / 특히 직장에서 그렇다. / 거의 20년 동안 / 나는 연구하고 컨설팅을 하고 / 전 세계 여러 단체들과 공동작업을 해 오고 있다 / 이런 무례함의 대가에 관해 더 많이 알기 위해서였다. / 우리가 직장에서 서로를 어떻게 대하는가는 / 중요하다. / 상대의 감정에 둔감한 행동이나 말은 차츰 악화시키게 된다 / 당하는 사람들의 건강, 실적, 그리고 정신을 말이다. /
간헐적인 스트레스 요인들 / 예를 들어 무례한 사건을 경험하거나 목도하는 것, / 또는 머리 속에 그 사건을 되새기는 것 같은 행위들 / 이것들이 글루코코시코이즈라고 불리는 호르몬의 정도를 높인다 / 그것도 하루 종일 / 그리고 이것이 잠재적으로는 많은 건강 문제들로 이어지는데 / 여기에는 식욕 상승과 비만이 포함된다. / 2012년에 출간된 연구는 / 10년 동안 여성들을 추적했는데 / 결론 내리기를 / 스트레스가 많은 직업이 위험을 상승시켰다는 것이다 / 바로 심장 질환의 위험이며 / 38%까지에 이른다. /

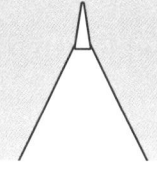

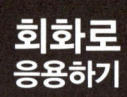

다음 회화를 큰 소리로 다섯 번 낭독하세요.

☐ ☐ ☐ ☐ ☐

A Have you experienced rudeness at work?

B Of course. In fact, rudeness and bad behavior have grown over the last decades, particularly at work.

A I know. How we treat one another at work matters.

B That's right. Insensitive interactions have a way of whittling away at people's health, performance and souls.

A Even intermittent stressors potentially lead to a host of health problems.

B You mean experiencing or witnessing uncivil incidents or even replaying one in your head.

A That's it. Stressful jobs increase the risk of a cardiovascular event.

A 직장에서 무례한 행동을 경험한 적 있어?
B 당연하지. 사실, 무례와 나쁜 행동이 지난 수십 년 동안 계속 늘어왔잖아. 특히 직장에서 말이지.
A 나도 잘 알지. 우리가 직장에서 서로 어떻게 대하느냐가 중요한 문제인데 말이야.
B 그러게. 상대의 감정을 무시하는 말이나 행동은 상대의 건강과 직장에서의 실적, 그리고 정신에까지 타격을 주는 경향이 있어.
A 심지어 간헐적인 스트레스 요인들도 잠재적으로 많은 건강 문제들을 일으킨다는 거야.
B 그 스트레스 요인이라는 게, 무례한 사건을 경험하거나 목격하는 것, 또는 심지어 그런 사건들 중 하나를 머리 속에 되새기는 것, 그런 것들을 말하는 거지.
A 맞아. 스트레스가 많은 직업은 심장 질환의 위험을 상승시킨대.

백혈병은 혈액에 생기는 골치 아픈 병으로 심해지면 골수 이식을 받아야 하는 상황까지 이르게 됩니다. 다섯 살 때 백혈병 판정을 받고 현재 아홉 살인 상태에서 여전히 새로운 임상 시험을 받으며 암과의 투쟁을 벌이고 있는 한 아이의 이야기를 함께합니다.

DAY 8

힌트 단어를 보며 전체 의미를 파악하고 음원을 듣고 낭독하세요.

Leukemia

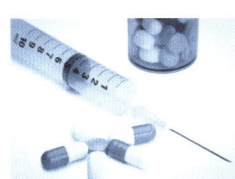

Since she was diagnosed with acute lymphoblastic leukemia / at age 5, / Phoenix Bridegroom, now 9, has been [1]in several clinical trials. / The first was a European study / during her first battle with cancer, / [2]which required 2.5 years of treatment. /
"We asked the typical question: / [2]Which one is going to save her?" / says her mother Tammy Bridegroom. / "[3]They believed / the new protocol [in the trial] [4]would offer a better chance." / Despite her involvement in the study, / Phoenix relapsed / soon after completing the treatment. / She's since had a bone marrow transplant / and is currently involved in another study. /

acute 급성의
clinical trial 임상 시험
protocol 의료 치료 계획서
despite ~임에도 불구하고
relapse 재발하다
bone marrow 골수

독해가 쉬워지는 한끗
GRAMMAR

① in은 전치사로 '~ 안에'를 뜻하지요. 하지만 이 뜻을 기본으로 하며 '~에 연루된, ~에 참여하는'의 뜻을 나타내기도 합니다. 여기서는 후자의 뜻으로 쓰였습니다.

② 첫 번째 which는 앞에 나온 명사를 설명해 주는 관계대명사로, 두 번째 which는 '(여러 개의 선택지 중에서) 어느'의 의미로 쓰였어요.

③ 여기서 They는 임상 시험에 참여하는 의사들을 가리켜요.

④ 이 would는 will의 과거형이에요. 앞에 나온 과거동사 believed의 영향으로 이렇게 바뀌었는데, 영어에서는 이것을 '시제의 일치'라고 합니다.

차곡차곡 어휘 쌓기 A

단어와 뜻을 크게 읽으면서 영어 단어를 정성스레 쓰세요.

leukemia	백혈병
be diagnosed with	~로 진단받다
acute	급성의
lymphoblastic	림프구성
be in clinical trial	임상 시험에 참여하다
study	임상 시험 연구
require	요구하다, 필요로 하다
treatment	치료
typical	전형적인, 일반적인
be going to+V	~일/할 것이다
save	(목숨을) 구하다
protocol	의료 치료 계획서
trial	시험, 실험
offer	제공하다, 제안하다
chance	가능성, 기회
despite	~에도 불구하고
involvement	관여, 몰두
relapse	재발하다
soon after	~ 이후에 즉시
complete	끝마치다
since	그때 이후로
bone marrow	골수
transplant	이식
currently	현재
be involved in	~에 연루되어 있다

DAY 8

차곡차곡 어휘 쌓기 B

우리말을 보고 앞에서 학습한 단어를 쓰세요.

현재	이식	~에 연루되어 있다
끝마치다	그때 이후로	골수
재발하다	~ 이후에 즉시	관여, 몰두
가능성, 기회	제공하다, 제안하다	~에도 불구하고
시험, 실험	(목숨을) 구하다	의료 치료 계획서
치료	요구하다, 필요로 하다	전형적인, 일반적인
임상 시험 연구	백혈병	급성의
림프구성	~일/할 것이다	임상 시험에 참여하다
(목숨을) 구하다	제공하다, 제안하다	~에 연루되어 있다
골수	임상 시험 연구	시험, 실험
의료 치료 계획서	가능성, 기회	~로 진단받다
이식	~에도 불구하고	급성 림프구성
관여, 몰두	현재	~ 이후에 즉시
전형적인	임상 시험	골수 이식
백혈병	치료	요구하다, 필요로 하다

Leukemia

▶ Since she was diagnosed with acute lymphoblastic leukemia / at age 5, /

Phoenix Bridegroom, now 9, has been in several clinical trials. /

▶ The first was a European study / during her first battle with cancer, /

which required 2.5 years of treatment. /

▶ "We asked the typical question: / Which one is going to save her?" /

says her mother Tammy Bridegroom. /

▶ "They believed / the new protocol [in the trial] would offer a better chance." /

▶ Despite her involvement in the study, /

Phoenix relapsed / soon after completing the treatment. /

▶ She's since had a bone marrow transplant /

and is currently involved in another study. /

확인학습

우리말 최종 해석을 보고 영어 문장으로 말한 다음 펜으로 쓰세요.

백혈병

급성 림프구성 백혈병 진단을 받은 이후로 / 다섯 살 나이에 / 지금은 9세인 피닉스 브라이드그룸은 지금까지 몇 번의 임상 시험에 참여하고 있다. / 첫 번째는 유럽의 임상 시험 연구였다 / 그 당시 그녀는 암과의 첫 번째 투쟁 중이었는데, / 그 시험 연구는 2년 반 동안의 치료를 요했다. / "우리는 누구나 아는 뻔한 질문을 했죠. / 어떤 치료가 딸 아이의 목숨을 구하게 될까?"라고요. / 그녀의 어머니인 태미 브라이드그룸의 말이다. / "그들은 믿더군요 / 그 임상 시험의 새로운 치료 방법이 더 나은 가능성을 제시할 것이라고 말입니다." /
그 임상 시험에 참여했음에도 불구하고, / 피닉스는 재발했다 / 그 치료를 끝낸 직후에 말이다. / 그녀는 그때 이후로 골수 이식을 받았다 / 그리고 현재는 또 다른 임상 시험에 참여하고 있다. /

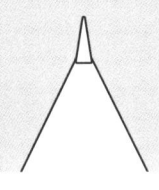

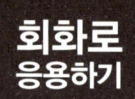

회화로 응용하기

다음 회화를 큰 소리로 다섯 번 낭독하세요.

☐ ☐ ☐ ☐ ☐

A Phoenix is now in a clinical trial? What's wrong with her?

B She was diagnosed with acute lymphoblastic leukemia when she was five.

A Diagnosed with leukemia at five?

B That's right.

A Is this her first trial?

B No. As soon as she was diagnosed with it, she was involved in her first trial.

A What was the result?

B She relapsed soon after completing the treatment.

A Sorry to hear that.

A 피닉스가 지금 임상 시험에 참여 중이라고? 무슨 문제가 있는데?
B 걔가 다섯 살 때 급성 림프구성 백혈병 진단을 받았잖아.
A 다섯 살 때 백혈병 진단을 받았다고?
B 그래.
A 이번이 첫 번째 임상 시험이야?
B 아니. 진단받자마자 첫 임상 시험을 받았지.
A 결과는 어땠어?
B 치료가 끝나자마자 바로 재발했어.
A 안타깝네.

DAY 9

에볼라 환자 치료를 위해 자원봉사자로 나선 미국인 의사가 그 바이러스에 감염되어 생사를 오가게 됩니다. 동료 의사들의 치료 덕에 완치 통보를 받은지 2개월도 안 지나 왼쪽 눈에 에볼라 바이러스가 득실대고 있다는 충격적인 결과를 듣게 되죠. 그 내용을 확인해 봅니다.

힌트 단어를 보며 전체 의미를 파악하고 음원을 듣고 낭독하세요.

Ebola in Eyes

When Dr. Ian Crozier [1)]was released from Emory University Hospital in October / after a long, brutal fight with Ebola / that nearly ended his life, / his medical team thought / he [1)]was cured. / But less than two months later, / he was back at the hospital / with fading sight, / intense pain / and soaring pressure / in his left eye. /

Test results were chilling: / The inside of Dr. Crozier's eye was teeming with Ebola. /

His doctors [1)]were amazed. / They had considered the possibility / that the virus had invaded his eye, / but they had not really expected to find [2)]it. / Months had passed since Dr. Crozier became ill / [3)]while working in an Ebola treatment ward in Sierra Leone / as a volunteer for the World Health Organization. / By the time he left Emory, / his blood was [4)]Ebola-free. / Although the virus may persist in semen for months, / other body fluids were thought to be clear of [2)]it / once a patient recovered. /

---

be released from
~에서 퇴원하다

nearly 거의 ~할 뻔한
end one's life 목숨을 앗아가다
less than ~이 채 안 돼
teem with ~로 득실대다
by the time ~할 때쯤

독해가 쉬워지는 한끗
GRAMMAR

① 〈be동사+과거분사(동사-ed)〉 형태는 자기 스스로가 아니라 타인이나 상황에 따라 그 상태에 처해진 것을 표현합니다. 퇴원은 병원에서 나가라고 해야 할 수 있고, 의사한테 치료를 받는 것이고 어떤 상황 때문에 놀라게 되는 것이죠.

② 여기서 대명사 it은 모두 the virus를 받는 말이에요.

③ 〈while+동사-ing〉는 거의 100% '~하는 동안'으로 해석됩니다.

④ 〈명사-free〉는 '명사가 없는'의 뜻이에요. 그래서 sugar-free는 '무설탕의' 뜻이랍니다.

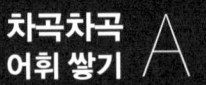

단어와 뜻을 크게 읽으면서 영어 단어를 정성스레 쓰세요.

Ebola	에볼라 바이러스
release	놓아주다, 퇴원시키다
brutal	잔혹한, 인정 사정없는
end one's life	목숨을 앗아가다
medical team	의료팀
cure	병을 고치다, 치유하다
fade	점점 희미해지다
sight	시력
intense	극심한, 강렬한
soaring	급상승하는
pressure	압력
test result	검사 결과
chilling	으스스한
inside	안, 속, 내부
teem with	~이 바글거리다
amazed	대단히 놀란
consider	생각하다, 고려하다
possibility	가능성
invade	침입하다
treatment ward	치료 병동
volunteer	자원봉사자
World Health Organization	세계 보건 기구
persist	집요하게 계속되다
semen	정액
body fluid	체액
be thought to+V	~라고 여겨지다
clear of	~이 없는
once	일단 ~하면
recover	(건강이) 회복되다

DAY 9

차곡차곡 어휘 쌓기 B

우리말을 보고 앞에서 학습한 단어를 쓰세요.

일단 ~하면	(건강이) 회복되다	~이 없는
정액	집요하게 계속되다	체액
자원봉사자	가능성	세계 보건 기구
침입하다	생각하다, 고려하다	치료 병동
안, 속, 내부	대단히 놀란	~이 바글거리다
압력	으스스한	검사 결과
시력	급상승하는	극심한, 강렬한
병을 고치다	점점 희미해지다	의료팀
집요하게 계속되다	에볼라 바이러스	놓아주다, 퇴원시키다
(건강이) 회복되다	잔혹한	목숨을 앗아가다
생각하다, 고려하다	침입하다	~라고 여겨지다
놓아주다, 퇴원시키다	의료팀	일단 ~하면
가능성	검사 결과	자원봉사자
극심한, 강렬한	안, 속, 내부	치료 병동
점점 희미해지다	병을 고치다	~이 바글거리다

의미해석

한 의미 단위씩 해석하세요.

Ebola in Eyes

▶ When Dr. Ian Crozier was released from Emory University Hospital in October /

after a long, brutal fight with Ebola / that nearly ended his life, /

his medical team thought / he was cured. /

▶ But less than two months later, / he was back at the hospital /

with fading sight, / intense pain / and soaring pressure / in his left eye. /

▶ Test results were chilling: / The inside of Dr. Crozier's eye was teeming with Ebola. /

▶ His doctors were amazed. /

▶ They had considered the possibility /

that the virus had invaded his eye, / but they had not really expected to find it. /

▶ Months had passed since Dr. Crozier became ill /

while working in an Ebola treatment ward in Sierra Leone /

as a volunteer for the World Health Organization. /

▶ By the time he left Emory, / his blood was Ebola-free. /

▶ Although the virus may persist in semen for months, /

other body fluids were thought to be clear of it / once a patient recovered. /

확인학습

우리말 최종 해석을 보고 영어 문장으로 말한 다음 펜으로 쓰세요.

눈 속의 에볼라 바이러스

이안 크로저 박사가 10월에 에모리 대학병원에서 퇴원했을 때는 / 길고 잔인한 에볼라와의 투쟁 이후로 / 이 에볼라가 그의 목숨을 거의 앗아갈 뻔했는데 / 그의 의료팀이 생각하길 / 그가 완치되었다는 거였다. / 하지만 두 달도 채 지나지 않아, / 그는 병원으로 돌아왔다 / 시력 감퇴, 극심한 고통 / 그리고 급상승하는 압력이 / 그의 왼쪽 눈에 생긴 채로 말이다. /
검사 결과는 소름끼쳤다: / 크로저 박사의 눈 안은 에볼라 바이러스가 득실대고 있었다. /
그의 담당 의사들은 몹시 놀랐다. / 그들이 처음에 고려했던 가능성은 / 에볼라 바이러스가 그의 눈을 침범했을 거라는 거였다 / 하지만, 그들은 실제로 바이러스를 발견하게 되리라고는 정말 예상하지 못했다. / 크로저 박사가 병에 걸린 이후로 몇 달이 지났다 / 그는 시에라리온에 있는 에볼라 치료 병동에서 일하는 도중이었고 / 세계 보건 기구의 자원봉사자로 일했다. / 그가 에모리 병원에서 퇴원했을 때쯤에 / 그의 혈액은 에볼라 바이러스가 전혀 없는 상태였다. / 비록 그 바이러스가 몇 개월 동안 정액에 계속 남아 있을 수는 있지만, / 다른 체액에는 바이러스가 전혀 없을 것이라고 여겨졌다 / 일단 환자의 건강이 회복되면 말이다. /

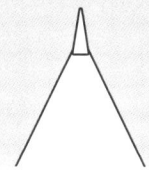

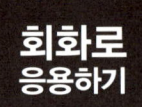
회화로 응용하기

다음 회화를 큰 소리로 다섯 번 낭독하세요.

☐ ☐ ☐ ☐ ☐

A Dr. Ian Crozier is back.

B Back? What for? As a doctor or what?

A He's back with fading sight, intense pain and soaring pressure in his left eye.

B Wait. We thought he was cured.

A Yeah, but Ebola was still there in his eye.

B His eye was tested?

A Yes. The test results were chilling. The inside of his eye was teeming with Ebola.

B Holy cow!

A 이안 크로저 박사님이 돌아왔어.
B 돌아와? 왜? 의사로서? 아니면 뭐?
A 왼쪽 눈의 시력 감퇴, 극심한 고통, 그리고 치솟는 안압 때문에 돌아오신 거야.
B 잠깐. 완치된 걸로 생각했는데.
A 그래. 그런데 에볼라 바이러스가 계속 눈에 남아 있었던 거야.
B 눈 검사는 한 거야?
A 했지. 검사 결과가 아주 섬뜩해. 박사님 눈 안에 에볼라 바이러스가 득실거렸대.
B 맙소사!

나사(NASA)의 화성 정찰 위성에서 보낸 최근 사진을 분석해 보니 화성에 물이 있던 흔적이 있다는 군요. 물이 있다는 건 생명체가 있다는 뜻. 우주의 소유권이 누구에게 있는가 라는 관심을 불러일으켰던 화성이 이제 새로운 관심의 초점을 제시하고 있습니다.

DAY 10

힌트 단어를 보며 전체 의미를 파악하고 음원을 듣고 낭독하세요.

Water on Mars

Despite its reputation as a dusty, desolate and lifeless place, / Mars seems to be a little bit wet / even today. /
Scientists reported / definitive signs of liquid water on the surface of present-day Mars, / [1]a finding [2]that will fuel speculation / [3]that life, if it ever arose there, could persist to now. /
"This, / I think, / gives a focus / of where we should look more closely," / said Alfred S. McEwen, / [1]a professor of planetary geology at the University of Arizona / and the principal investigator of images from a high-resolution camera / [4]on NASA's Mars Reconnaissance Orbiter. /

reputation as ~로서의 평판
even today 심지어 이 순간에도, 심지어 오늘날에도
signs of ~의 흔적
on the surface of ~의 표면에
planetary geology 행성 지질학
high-resolution 고해상의
reconnaissance 정찰
orbiter 궤도선

독해가 쉬워지는 한끗
GRAMMAR

① a finding과 a professor of planetary geology는 각각 definitive signs of liquid water와 Alfred S. McEwen과 동격을 나타내는 표현이에요.

② 여기의 that은 뒤에 나오는 will fuel speculation과 함께 앞에 나오는 finding을 꾸며 주는 관계대명사예요.

③ 여기의 that은 앞에 나온 speculation의 구체적인 내용을 설명해 주는 접속사 that이에요. 관계대명사일 때는 뒤에 주어나 목적어가 빠진 불완전한 문장이 나오고, 접속사일 때는 완전한 문장이 나와요.

④ on은 '표면에 닿은'의 기본 뜻이 있어요. 여기에서 파생된 뜻으로 '~에 부착된, 장착된'이 있습니다.

단어와 뜻을 크게 읽으면서 영어 단어를 정성스레 쓰세요.

Mars	화성
despite	~에도 불구하고
reputation	명성, 평판
dusty	먼지투성이인
desolate	황량한, 적막한
lifeless	생명체가 살지 않는
a little bit	약간
wet	젖은, 물기가 있는
report	알리다, 보도하다
definitive	확정적인, 분명한
sign	징후, 흔적, 기색
liquid water	액체, 물
surface	표면
present-day	현대의, 지금의
finding	결과
fuel	부채질하다
speculation	추측
arise	생기다, 발생하다
persist	없어지지 않고 계속되다
focus	주목, 초점
closely	자세히, 면밀히
planetary	행성의
geology	지질학
principal	주요한, 주된
investigator	조사관
high-resolution	고해상도
Mars Reconnaissance Orbiter	화성 정찰 위성

DAY 10

차곡차곡 어휘 쌓기 B

우리말을 보고 앞에서 학습한 단어를 쓰세요.

조사관	고해상도	화성 정찰 위성
행성의	지질학	주요한, 주된
주목, 초점	자세히, 면밀히	없어지지 않고 계속되다
결과	부채질하다	현대의, 지금의
표면	징후, 흔적, 기색	액체, 물
젖은, 물기가 있는	알리다, 보도하다	확정적인, 분명한
황량한, 적막한	생명체가 살지 않는	약간
먼지투성이인	명성, 평판	~에도 불구하고
고해상도	화성	없어지지 않고 계속되다
부채질하다	생기다, 발생하다	알리다, 보도하다
약간	행성의	조사관
자세히, 면밀히	현대의, 지금의	화성 정찰 위성
액체, 물	주목, 초점	징후, 흔적, 기색
추측	확정적인, 분명한	황량한, 적막한
주요한, 주된	~에도 불구하고	생기다, 발생하다

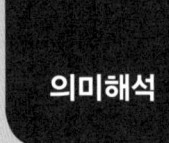

한 의미 단위씩 해석하세요.

Water on Mars

▶ Despite its reputation as a dusty, desolate and lifeless place, /

  Mars seems to be a little bit wet / even today. /

▶ Scientists reported /

  definitive signs of liquid water on the surface of present-day Mars, /

  a finding that will fuel speculation /

  that life, if it ever arose there, could persist to now. /

▶ "This, / I think, / gives a focus / of where we should look more closely," /

  said Alfred S. McEwen, /

  a professor of planetary geology at the University of Arizona /

  and the principal investigator of images from a high-resolution camera /

  on NASA's Mars Reconnaissance Orbiter. /

확인학습

우리말 최종 해석을 보고 영어 문장으로 말한 다음 펜으로 쓰세요.

화성의 물

먼지투성이이고, 황량하며 생명체가 살지 않는 곳이라는 자신의 명성에도 불구하고 / 화성은 약간 젖어 있는 것 같다 / 지금 이 순간에도. / 과학자들이 발표한 것이 / 지금 현재의 화성 표면에 분명한 물의 흔적이 있다는 것인데 / 이 결과는 아마 추측을 부채질할 것으로 / 생물체가, 만일 그곳에서 생겼다면, 지금까지도 살아 있을 수 있을 거라는 것이다. / "이것은, / 제 생각에 말이죠, / 주목하게 합니다 / 우리가 어디를 더욱 자세히 조사해 봐야 되는지를 말입니다," / 알프레드 S. 맥크웬이 말했다 / 그는 애리조나 대학의 행성지질학 교수이다 / 그리고 고해상도 카메라에서 보내온 이미지를 조사하는 주조사관이기도 하다 / 그 카메라는 나사의 화성 정찰 위성에 부착되어 있다. /

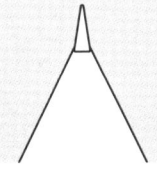

회화로 응용하기

다음 회화를 큰 소리로 다섯 번 낭독하세요.

☐ ☐ ☐ ☐ ☐

A Have you heard the news about Mars?

B No. What is it?

A Mars seems to be a little bit wet.

B No kidding[1].

A Scientists reported definitive signs of liquid water on the surface of Mars.

B Really? It means life could exist[2] there?

A Who could deny[3] that?

B So interesting. My interest[4] is coming back to Mars.

A 너 화성에 관한 뉴스 들었어?
B 아니. 뭔데?
A 화성에 물기가 좀 있는 듯해.
B 말도 안돼.
A 과학자들이 화성 표면에 물기가 있다는 확실한 흔적을 발표했어.
B 정말? 그러면 생물체가 거기에 존재할 수도 있다는 거야?
A 그걸 누가 부정할 수 있겠어?
B 정말 재미있는 걸. 다시 화성에 관심이 생기기 시작했어.

1) No kidding. 설마 그럴 리가.
2) exist 존재하다
3) deny 부인하다, 부정하다
4) interest 관심사

DAY 10

STEP 1 앞서 배운 내용을 상대방에게 실제 이야기하듯 스피치 훈련을 하세요.
STEP 2 스피치 훈련이 끝나면 원하는 대로 필사 또는 해석 훈련을 하세요.

6 Caste System still exists in India. Upper-caste men in northern India have preyed on young girls. But they have faced no repercussions. Now that may be changing in the area because one teenage girl is fighting back against the system. Her willingness to take on the system helps protect other local girls.

7 Rudeness and bad behavior have grown over the last decades, particularly at work. As you may guess, insensitive interactions have a way of whittling away at people's health, performance and souls. Even intermittent stressors potentially lead to a lot of health problems. And stressful jobs increase the risk of a cardiovascular event.

8 Phoenix is nine years old. She was diagnosed with acute lymphoblastic leukemia at age five. She has been in several clinical trials. The first required 2.5 years of treatment. But she relapsed soon after completing treatment. She's since had a bone marrow transplant and is currently involved in another study.

9 A doctor who was released from a hospital after a long, brutal fight with Ebola is back at the hospital less than two months later. He's back with fading sight, intense pain and soaring pressure in his left eye. He had become ill while working in an Ebola treatment ward in Sierra Leone as a volunteer for the World Health Organization.

10 Mars has been expected to be a dusty, desolate and lifeless place, but now it seems to be a little bit wet. Scientists investigated the images from a high-resolution camera on NASA's Mars Reconnaissance Orbiter and reported definitive signs of liquid water on the surface of Mars. The finding will fuel speculation that life, if it ever arose there, could persist to now.

자동차에 장착된 음성 인식 기술 덕분에 자동차가 내 명령대로 움직일 수 있는 시대입니다. 그렇지만 그 기술이 운전자의 집중력을 방해하고 결국 안전까지 위협한다는 연구가 나오고 있는데요, 오늘은 그 내용을 확인합니다.

힌트 단어를 보며 전체 의미를 파악해 보세요.

Voice-Activated Systems

1) When driving, / don't talk to your car /—or your phone. / That's the underlying message of new neuroscience / that raises new questions / about the safety of voice-activated technology in many new cars. / The technology, / 2) heralded by many automakers, / allows consumers / to interact with their phones and their cars / by issuing voice commands, / rather than pushing buttons on the dashboard or phone. / But the research shows / that the technology can be a powerful distraction, / and a lingering one. / The research found / that the most complicated voice-activated systems / can 3) take a motorist's mind off the road / for as long as 27 seconds after he or she stops interacting with the system. / Even less complex systems can leave the driver distracted / for 15 seconds after a motorist disengages, / the research shows.

voice-activated 음성 인식의
neuroscience 신경 과학
herald 예고하다, 알리다
allow A to+동사원형
A가 ~하도록 허락하다
dashboard 계기판
lingering 오래 맴도는
leave A B A를 B의 상태로 두다
disengage 분리되다

독해가 쉬워지는 한끗
GRAMMAR

① 문장 앞에 〈동사-ing,〉가 나오면 '~할 때, ~하면서, ~라면' 등으로 해석할 수 있어요. 그런데 이 〈동사-ing〉를 어떤 의미로 해석해야 하는지 명확하게 알려 줄 필요가 있을 때는 when, if, because 등을 쓰기도 해요.

② The technology, heralded by ~에서 heralded 앞에 which was가 생략됐어요. 〈명사 (,)+which+be동사+p.p./V-ing〉인 경우 〈which+be동사〉를 생략하는 경우가 많아요.

③ take a motorist's mind off the road는 직역하면 '운전자의 마음을 도로에서 멀리 떼어 놓다'예요. 이건 도로 상황에 신경을 못 쓰게 한다는 것이 되겠네요.

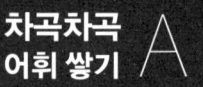

단어와 뜻을 크게 읽으면서 영어 단어를 정성스레 쓰세요.

voice-activated	음성 인식의
underlying	근본적인
neuroscience	신경 과학
raise	제기하다
question	의문
safety	안전, 안전성
technology	기술
herald	예고하다, 알리다
automaker	자동차 회사
allow	허락하다
consumer	소비자
interact	소통하다
issue	발표하다
command	명령
rather than	~하기보다는
dashboard	계기판
powerful	강력한
distraction	주의 집중을 방해하는 것
lingering	오래 맴도는
complicated	복잡한
motorist	운전자
as long as	~만큼의 시간 동안
complex	복잡한
distracted	산만해진
disengage	분리되다 (음성 인식 서비스 활용을 마치다)

DAY 11

차곡차곡 어휘 쌓기 B

우리말을 보고 앞에서 학습한 단어를 쓰세요.

복잡한	산만해진	분리되다
운전자	복잡한	~만큼의 시간 동안
강력한	오래 맴도는	주의 집중을 방해하는 것
기술	음성 인식의	계기판
발표하다	명령	~하기보다는
허락하다	소통하다	소비자
안전, 안전성	예고하다, 알리다	자동차 회사
제기하다	의문	신경 과학
근본적인	분리되다	음성 인식의
소통하다	발표하다	기술
예고하다, 알리다	허락하다	제기하다
오래 맴도는	신경 과학	산만해진
자동차 회사	~만큼의 시간 동안	안전, 안전성
명령	계기판	~하기보다는
주의 집중을 방해하는 것	복잡한	운전자

의미해석

한 의미 단위씩 해석하세요.

Voice-Activated Systems

▶ When driving, / don't talk to your car /—or your phone. /

▶ That's the underlying message of new neuroscience / that raises new questions /

about the safety of voice-activated technology in many new cars. /

▶ The technology, / heralded by many automakers, / allows consumers /

to interact with their phones and their cars / by issuing voice commands, /

rather than pushing buttons on the dashboard or phone. /

▶ But the research shows / that the technology can be a powerful distraction, /

and a lingering one. /

▶ The research found / that the most complicated voice-activated systems /

can take a motorist's mind off the road /

for as long as 27 seconds after he or she stops interacting with the system. /

▶ Even less complex systems can leave the driver distracted /

for 15 seconds after a motorist disengages, / the research shows. /

확인학습

우리말 최종 해석을 보고 영어 문장으로 말한 다음 펜으로 쓰세요.

음성 인식 시스템

운전할 때, / 자동차와 대화하지 마라 / 혹은 전화와 대화하지 마라. / 그것이 새로운 신경 과학의 근본 메시지로 / 그 메시지는 새로운 의문을 제시하는데 / 새로 나오는 많은 차에 있는 음성 인식 기술의 안전에 관한 것이다. / 그 기술은, / 많은 자동차 회사들이 예견한 것으로, / 소비자들로 하여금 / 자기 전화, 그리고 자동차와 소통하게 해 준다 / 방법은 음성 명령을 이용해서이며 / 계기판이나 전화에 달려 있는 버튼을 누르는 대신에 말이다. /

그러나 이 연구가 보여 주는 것은 / 그 기술이 강력한 주의 집중 방해 요소가 될 수도 있고, / 계속 머릿속에 맴도는 방해 요소가 될 수 있다는 것이다. / 그 연구가 알아낸 바로는 / 가장 복잡한 음성 인식 시스템은 / 운전자가 도로 위의 상황을 전혀 생각하지 못하게 할 수 있다는 것이다 / 운전자가 시스템과 소통을 멈춘 후의 27초 동안 말이다. / 심지어 덜 복잡한 시스템도 운전자를 산만하게 만들 수 있다 / 운전자가 음성 인식 시스템과 분리된 후의 15초 시간 동안이다 / (이는) 그 연구가 보여 주는 내용이다. /

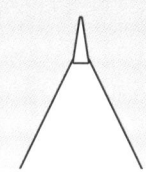

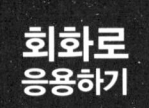

다음 회화를 큰 소리로 다섯 번 낭독하세요.

A Many new cars and phones have the voice-activated technology.

B You mean you can interact with your car or your phone by issuing voice commands?

A That's right. You don't need to push buttons on the dashboard or phone.

B So convenient[1]!

A But the technology can be a powerful distraction, and a lingering one. The most complicated voice-activated systems can take a motorist's mind off the road for as long as 27 seconds after he or she stops interacting with the system.

B Wow, so dangerous.

A 새로 나오는 많은 자동차와 전화에는 음성 인식 기술이 내장되어 있어.
B 자동차나 전화에게 음성 명령을 내리면서 소통할 수 있다는 거야?
A 맞아. 계기판이나 전화기의 버튼을 누를 필요가 없지.
B 되게 편리하네!
A 그런데 그 기술이 주의 집중을 무지하게 흐트러뜨리고 그 영향이 계속 남아 있을 수 있대. 가장 복잡한 음성 인식 시스템의 경우는 운전자가 그 시스템과 소통을 끝낸 후 27초 동안 도로 상황에 전혀 신경 쓰지 못하게 만들 수 있다는 거야.
B 와, 그건 너무 위험한데.

---

1) convenient 편리한

미국 비즈니스 공동체는 사업에 가장 방해가 되는 요소로 정부의 부담스럽고 지나친 규제를 두 번째로 치고 있습니다. 그런 규제를 영어로 red tape이라고 하는데요, 오늘은 그 red tape에 관한 이야기를 공유해 봅니다.

DAY 12

힌트 단어를 보며 전체 의미를 파악해 보세요.

The Red Tape Conundrum

It may well be the biggest bogeyman in business—/ bigger, perhaps, than even taxes: / We're talking about red tape. / The idea / ¹⁾that burdensome and overly complicated government regulation / is strangling growth / is almost as old as commerce itself. / But right now the hue and cry from the business community / is louder than at just about any time / in recent memory. /
Concern about regulation is soaring among executives. / In a recent survey by Deloitte, / North American chief financial officers named new, burdensome regulation / as the No. 2 threat to their business, / behind the possibility of a recession. / When the National Federation of Independent Business, / which represents 325,000 small U.S. companies, / conducted its quadrennial survey earlier this year, / its members identified "unreasonable government regulations" / as the second-biggest threat, ²⁾after rising health care costs. /

---

conundrum 어려운 문제, 수수께끼
bogeyman 귀신
in business 사업을 할 때
strangle 목을 조이다
as old as commerce itself 상업 자체만큼 오래된
hue and cry 강력한 항의

at just about any time 거의 그 어느 때
name A as B A를 B로 명명하다
quadrennial 4년마다의
identify A as B A를 B로 인정하다

독해가 쉬워지는 한끗
GRAMMAR

① that은 용도가 참 많은 단어지만, 여기서는 동격의 that으로 쓰였습니다. 앞에 나온 idea의 내용을 구체적으로 나타내는 문장을 이끌고 있지요.

② after는 여기서 '~의 뒤를 이어'의 의미입니다. after는 시간, 순서상으로 '~의 뒤에'란 기본 뜻이 있습니다.

단어와 뜻을 크게 읽으면서 영어 단어를 정성스레 쓰세요.

red tape	관공서의 불필요한 요식
conundrum	어려운 문제, 수수께끼
may well be	아마 틀림없이 ~일 것이다
bogeyman	귀신
burdensome	부담스러운
overly	너무, 몹시
complicated	복잡한
regulation	규제, 규정
strangle	목 졸라 죽이다, 목을 조이다
commerce	무역, 상업
hue and cry	강력한 항의
just about	거의
concern	우려, 걱정
soaring	급상승하는
executive	경영진
chief financial officer	최고 재무 책임자
name	지정하다, 지명하다
threat	위협, 협박
recession	불황, 불경기
National Federation of Independent Business	전국 자영업 연합
represent	대표하다, 대변하다
conduct	수행하다, 지휘하다, 안내하다
quadrennial	4년마다의
identify	확인하다, 알아보다
unreasonable	불합리한, 부당한
rising	오르는, 상승하는
health care cost	의료비

DAY 12

차곡차곡 어휘 쌓기 B

우리말을 보고 앞에서 학습한 단어를 쓰세요.

오르는, 상승하는	불합리한, 부당한	의료비
4년마다의	확인하다, 알아보다	수행하다, 안내하다
불황, 불경기	대표하다, 대변하다	전국 자영업 연합
위협, 협박	지정하다, 지명하다	최고 재무 책임자
우려, 걱정	급상승하는	경영진
무역, 상업	강력한 항의	거의
규제, 규정	목을 조이다	복잡한
너무, 몹시	귀신	부담스러운
어려운 문제, 수수께끼	아마 틀림없이 ~일 것이다	관공서의 불필요한 요식
수행하다, 안내하다	4년마다의	불황, 불경기
복잡한	규제, 규정	강력한 항의
부담스러운	우려, 걱정	아마 틀림없이 ~일 것이다
급상승하는	관공서의 불필요한 요식	어려운 문제, 수수께끼
귀신	무역, 상업	전국 자영업 연합
목을 조이다	거의	최고 재무 책임자

의미해석

한 의미 단위씩 해석하세요.

The Red Tape Conundrum

- It may well be the biggest bogeyman in business —/

  bigger, perhaps, than even taxes: / We're talking about red tape. /

- The idea / that burdensome and overly complicated government regulation /

  is strangling growth / is almost as old as commerce itself. /

- But right now the hue and cry from the business community /

  is louder than at just about any time / in recent memory. /

- Concern about regulation is soaring among executives. /

- In a recent survey by Deloitte, /

  North American chief financial officers named new, burdensome regulation /

  as the No. 2 threat to their business, / behind the possibility of a recession. /

- When the National Federation of Independent Business, /

  which represents 325,000 small U.S. companies, /

  conducted its quadrennial survey earlier this year, /

  its members identified "unreasonable government regulations" /

  as the second-biggest threat, after rising health care costs. /

확인학습

우리말 최종 해석을 보고 영어 문장으로 말한 다음 펜으로 쓰세요.

관공서의 불필요한 요식 문제

그것이 사업할 때에 가장 커다란 위협적인 요소일 것이다 / 아마도, 심지어 세금보다 더 클 수도 있다. / 우리는 지금 관공서의 불필요한 요식에 대해 말하고 있다. / 그런 생각 / 즉, 부담스럽고 지나치게 복잡한 정부 규제가 / 성장의 목을 조른다는 그 생각은 / 상업 자체만큼이나 거의 오래됐다. / 하지만 지금 당장 비즈니스 공동체에서 터져 나오는 강력한 항의의 소리는 / 거의 그 어느 때에서보다도 더 크다 / 최근 기억으로는 그렇다. /

경영진들 사이에서 규제에 대한 우려가 치솟고 있다. / 딜로이트의 최근 설문 조사에 의하면, / 북미 최고 재무 책임자들은 이 새롭고 부담스러운 규제를 명명하기를 / 자기네 비즈니스에 대한 두 번째 위협적인 존재라고 말했는데 / (이는) 경기 침체의 가능성 바로 뒤에 위치하고 있다. / 전국 자영업 연합은 / 325,000개의 미국 소기업 회사들을 대변하는데 / 이 연합이 올해 초에 4년에 한 번 실시하는 자체 설문 조사를 했을 때, / 소속 회사들은 "부당한 정부의 규제"를 이렇게 인정했다 / 상승하는 의료비에 뒤이어서 두 번째로 큰 위협으로 말이다. /

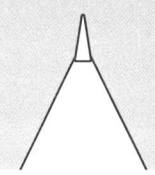

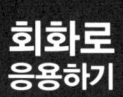

다음 회화를 큰 소리로 다섯 번 낭독하세요.

☐ ☐ ☐ ☐ ☐

A What is red tape?

B It is official regulations that seem unnecessary and prevent things from being done quickly and easily.

A Then it can be bad in business.

B Not can, but is. It may well be the biggest bogeyman in business.

A Bigger than taxes?

B Yes, it is. You know what? The business community tells that burdensome and overly complicated government regulation is strangling growth.

A I understand.

B And concern about regulation is soaring among executives.

A red tape이 뭐야?
B 공식적인 규제야. 불필요한 것 같고 일이 빠르고 쉽게 마무리 되는 것을 막는 규제라고 보면 돼.
A 그러면 사업할 때는 나쁠 수 있겠네.
B 그럴 수 있는 게 아니라, 실제로 그래. 아마 사업할 때 가장 커다란 위협적 존재일 거야.
A 세금보다도 더?
B 말이라고. 그거 알아? 비즈니스 공동체에서 하는 말이, 부담스럽고 지나치게 복잡한 정부 규제가 성장의 목을 조인다는 거야.
A 이해되네.
B 그래서 규제에 대한 우려가 경영진들 사이에 치솟고 있어.

남아프리카 공화국 출신의 유명한 배우 샤를리즈 테론. 뛰어난 연기력도 연기력이지만 2007년에 이미 아프리카 봉사활동 프로젝트를 출범시키며 모국 내 에이즈 퇴치 운동에 앞장서 오기도 했다는 군요. 오늘은 그녀의 이야기와 함께합니다.

힌트 단어를 보며 전체 의미를 파악해 보세요.

DAY 13

Eradicating AIDS

Growing up in South Africa gave Charlize Theron a unique perspective / on the many tragedies of the AIDS epidemic—/ and in 2007 / she started the Charlize Theron Africa Outreach Project / [1)]to help end it. / "As a kid, / I [2)]remember people dying / and people not knowing why they died / and people always whispering this word—/ it was happening right in front of me," / says the Oscar winner, 41. / "It was taboo in that country / to talk about things like safe sex." / "Today, / I see children so active in the conversation. / I had a moment with a 16-year-old boy / who admitted in a question / that [3)]he was gay. / For me, as a South African, / that is such a huge step. / A lot of the things that [4)]we've been taught / are not okay to talk about / have killed many people, / and that's definitely changing."

perspective on
~에 대한 시각

epidemic 유행병, 급속한 확산

outreach 봉사활동, 지원활동

독해가 쉬워지는 한끗
GRAMMAR

① help의 목적어로 to부정사가 오면 '앞으로 ~의 행위에 도움을 주다'의 뜻이고 to 없이 동사원형이 목적어로 오면 '지금 당장 ~ 행위에 도움을 주다'의 뜻이 됩니다.

② to부정사는 '미래'와 '조건'의 의미를, 동명사는 '진행과 과거'의 의미를 전합니다. 그래서 〈remember+to부정사〉는 '~할 것을 기억하다'고, 〈remember+동명사〉는 '~했던 걸 기억하다'예요.

③ 과거시제 admitted의 영향으로 he is gay가 he was gay의 형태로 바뀌었어요. 시제 일치가 적용된 것인데 의미 이해는 he is gay로 하면 됩니다.

④ we've been taught가 삽입구로 쓰였어요. '우리가 배우기로' 정도로 해석할 수 있어요. 과거의 일을 말하면서 a lot of the things that are not okay to talk about으로 '현재시제'를 사용한 것은 '직접 화법'의 느낌을 살려 의미를 강조하기 위해서입니다. 문어체보다는 대화체에서 활용 가능한 어법이죠.

차곡차곡 어휘 쌓기 A

단어와 뜻을 크게 읽으면서 영어 단어를 정성스레 쓰세요.

eradicate	근절하다, 뿌리 뽑다
grow up	성장하다, 자라다
unique	독특한, 특별한, 유일무이한
perspective	관점, 시각
tragedy	비극, 비극적인 사건
epidemic	유행병, 급속한 확산
outreach	봉사활동, 지원활동
project	계획, 기획
end	~을 끝내다, 끝을 맺다
whisper	속삭이다
word	말, 이야기
in front of	~의 앞에서
taboo	금기, 금기시되는 것
like	~ 같은
safe sex	(에이즈나 성병 위험이 없는) 안전한 성관계
active	활동적인, 적극적인
moment	잠깐의 시간, 순간
admit	인정하다, 시인하다
question	질문
gay	(남자가) 동성애자인
huge	커다란, 엄청난
step	움직임, 걸음
be taught	가르침을 받다
okay	괜찮은, ~을 해도 되는
definitely	분명히, 틀림없이

DAY 13

차곡차곡 어휘 쌓기 B

우리말을 보고 앞에서 학습한 단어를 쓰세요.

분명히	괜찮은, ~해도 되는	가르침을 받다
움직임, 걸음	커다란, 엄청난	인정하다, 시인하다
질문	잠깐의 시간, 순간	활동적인, 적극적인
금기시되는 것	~의 앞에서	(에이즈나 성병 위험이 없는) 안전한 성관계
말, 이야기	속삭이다	~을 끝내다, 끝을 맺다
계획, 기획	봉사활동, 지원활동	유행병, 급속한 확산
비극	독특한	관점, 시각
근절하다	~ 같은	성장하다, 자라다
(남자가) 동성애자인	인정하다, 시인하다	분명히, 틀림없이
~을 끝내다	뿌리 뽑다	독특한, 특별한
커다란, 엄청난	활동적인, 적극적인	~의 앞에서
잠깐의 시간, 순간	움직임, 걸음	괜찮은, ~을 해도 되는
안전한 성관계	금기	말, 이야기
성장하다, 자라다	계획, 기획	비극
유행병, 급속한 확산	관점, 시각	봉사활동, 지원활동

의미해석

한 의미 단위씩 해석하세요.

Eradicating AIDS

▶ Growing up in South Africa gave Charlize Theron a unique perspective /

on the many tragedies of the AIDS epidemic—/ and in 2007 /

she started the Charlize Theron Africa Outreach Project / to help end it. /

▶ "As a kid, / I remember people dying /

and people not knowing why they died /

and people always whispering this word—/

it was happening right in front of me," / says the Oscar winner, 41. /

▶ "It was taboo in that country / to talk about things like safe sex." /

▶ "Today, / I see children so active in the conversation. /

▶ I had a moment with a 16-year-old boy / who admitted in a question /

that he was gay. /

▶ For me, as a South African, / that is such a huge step. /

▶ A lot of the things that we've been taught /

are not okay to talk about / have killed many people, /

and that's definitely changing." /

확인학습

우리말 최종 해석을 보고 영어 문장으로 말한 다음 펜으로 쓰세요.

에이즈 뿌리 뽑기

남아프리카 공화국에서 성장한 것은 샤를리즈 테론에게 각별한 시각을 주었다 / 에이즈 유행병에 의한 많은 비극적인 사건들에 대해서 말이다 / 그리고 2007년에 / 그녀는 샤를리즈 테론 아프리카 봉사활동 프로젝트를 시작했다 / 에이즈의 종말에 도움을 주기 위해서였다. / "어렸을 때, / 제 기억으로는 사람들이 죽어갔어요 / 그리고 사람들은 자기가 왜 죽는지 그 이유도 몰랐죠 / 그리고 사람들이 항상 그런 말을 속삭이던 게 기억납니다 / 바로 제 앞에서 일어나던 상황이었어요" / 오스카상 수상자이던 41세 테론의 말이다. / "그 나라에서는 터부시되었습니다 / 안전한 섹스 같은 주제들로 말하는 것이요. / 요즘에는, / 제가 보니 아이들이 대화에 참 적극적이더라고요. / 한번은 16세 된 남자아이와 대화를 했었죠 / 그 아이는 질문 중에 스스로 인정했어요 / 자기가 게이라는 걸요. / 제게는, 남아프리카 공화국 사람으로서, / 그건 엄청난 도약의 발걸음이에요. / 우리가 배우던 많은 것들, / 대화해서는 안 된다고 배운 많은 것들이 / 많은 사람들을 죽음에 이르게 했어요, / 그리고 그게 지금은 분명히 변화하고 있는 겁니다." /

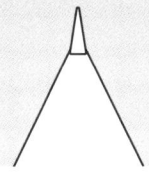

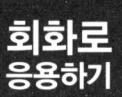

다음 회화를 큰 소리로 다섯 번 낭독하세요.

☐ ☐ ☐ ☐ ☐

A Do you know Charlize Theron is from South Africa? I've thought she's from America.

B Yes, I do. You know what? In 2007, she started the Charlize Theron Africa Outreach Project to help end the AIDS epidemic in South Africa.

A She must have a unique perspective on the tragedies of the AIDS epidemic.

B Yes, she has. That's why she started the Project.

A I heard it was taboo in South Africa to talk about things like safe sex.

B It has killed many people, but that's definitely changing. That's what Theron said.

A 너 샤를리즈 테론이 남아프리카 공화국 출신인 거 아니? 난 지금까지 미국 사람인 줄 알았어.
B 알고 있었지. 너 그거 알아? 2007년에 그녀가 샤를리즈 테론 아프리카 봉사활동 프로젝트를 시작한 거. 남아프리카 공화국에서 에이즈 유행병을 근절시키는 데 도움을 주려고 말이지.
A 그녀가 에이즈 유행병으로 인한 비극적인 일들에 대해서 남다른 시각을 갖고 있나 보네.
B 그렇지. 그래서 그 프로젝트를 시작한 거잖아.
A 듣기론 남아프리카 공화국에서는 안전한 섹스 같은 이야기를 하는 것 자체가 터부시된다던데.
B 그게 지금까지 많은 사람들을 죽인 꼴이지. 하지만 지금은 상황이 완전히 달라지고 있대. 테론이 한 말이야.

DAY 13

<모던 패밀리>의 주인공 아리엘 윈터. 아역 배우 출신의 아리엘은 인기도 엄청나지만 수많은 악플 앞에서도 당당합니다. 미국의 유명 패션 사진작가 콜린 스타크가 아리엘과 작업하면서 그녀의 발랄한 매력에 반했다네요. 오늘은 그 이야기를 함께합니다.

힌트 단어를 보며 전체 의미를 파악해 보세요.

DAY 14

Ariel Winter

Photographer Collin Stark [1)]says / Ariel was "very collaborative" / when it came to [2)]deciding on her hair and makeup looks. / "She definitely helped me and the team / find the best choices for her and her style." /
Ariel and Collin chatted about the best vacay spots. / One of her faves? / Hawaii. / (We think / a tropical trip sounds pretty nice / right about now.) /
The *Modern Family* star switched between Pandora stations / [3)]depending on her mood. / When the energy was high, / Drake, Kanye, and Sia blasted from the speakers. / When she wanted to change the vibe, / she listened to the Red Hot Chili Peppers. /

look 스타일
help A+동사원형
A가 ~하는 걸 도와주다
vacay 휴가, 방학
fave 가장 좋아하는 것(사람)
vibe 분위기, 느낌

독해가 쉬워지는 한끗
GRAMMAR

① 전체 의미를 본다면 여기도 과거시제인 said가 되어야 하지만, 이렇게 현재시제를 쓰면 더 생동감 있는 느낌을 전달해 줍니다.

② when it comes to의 to는 동사원형이 필요한 to가 아니라 명사나 동명사가 필요한 to예요. 그래서 decide가 아니라 deciding을 쓴 거랍니다.

③ depending on은 문장에서 거의 100% '~에 좌우되어, ~에 따라서'의 의미로 쓰입니다.

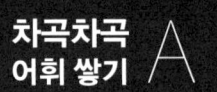

단어와 뜻을 크게 읽으면서 영어 단어를 정성스레 쓰세요.

photographer	사진작가, 사진사
collaborative	협조적인
when it comes to	~하는 데 있어서, ~에 관한 한
decide on	~을 결정하다
makeup	화장
look	스타일, 모양새, 표정
definitely	분명히
chat	담소하다, 수다를 떨다
vacay	휴가, 방학 (= vacation)
spot	장소
fave	가장 좋아하는 것(사람) (= favorite)
tropical	열대 지방의, 열대의
sound	~처럼 들리다
pretty	꽤, 무척
right about now	지금 바로
switch	바꾸다, 전환하다
Pandora	미국의 인터넷 라디오 (Pandora Internet Radio)
station	방송 프로(채널)
depend on	~에 따라 다르다, ~에 의존하다
mood	기분, 마음 상태
high	많은, 높은
blast	(음악이) 쾅쾅 울리다
vibe	분위기, 느낌
listen to	~을 귀 기울여 듣다

DAY 14

차곡차곡 어휘 쌓기 B

우리말을 보고 앞에서 학습한 단어를 쓰세요.

분위기, 느낌	(음악이) 쾅쾅 울리다	~을 귀 기울여 듣다
많은, 높은	기분, 마음 상태	~에 따라 다르다, ~에 의존하다
전환하다	방송 프로(채널)	미국의 인터넷 라디오
열대 지방의	가장 좋아하는 것(사람)	지금 바로
장소	휴가, 방학	담소하다, 수다를 떨다
화장	분명히	스타일, 모양새, 표정
협조적인	~을 결정하다	~하는 데 있어서, ~에 관한 한
(음악이) 쾅쾅 울리다	사진작가	꽤, 무척
담소하다, 수다를 떨다	~에 따라 다르다	전환하다
사진작가	화장	~을 결정하다
휴가, 방학	스타일, 모양새, 표정	~처럼 들리다
가장 좋아하는 사람	장소	지금 바로
~을 귀 기울여 듣다	분위기, 느낌	방송 프로(채널)
기분, 마음 상태	협조적인	~에 따라 다르다, ~에 의존하다
많은, 높은	열대 지방의, 열대의	~하는 데 있어서, ~에 관한 한

의미해석

한 의미 단위씩 해석하세요.

Ariel Winter

- Photographer Collin Stark says / Ariel was "very collaborative" /

  when it came to deciding on her hair and makeup looks. /

- "She definitely helped me and the team /

  find the best choices for her and her style." /

- Ariel and Collin chatted about the best vacay spots. /

- One of her faves? /

- Hawaii. /

- (We think / a tropical trip sounds pretty nice / right about now.) /

- The *Modern Family* star switched between Pandora stations /

  depending on her mood. /

- When the energy was high, / Drake, Kanye, and Sia blasted from the speakers. /

- When she wanted to change the vibe, / she listened to the Red Hot Chili Peppers. /

확인학습

우리말 최종 해석을 보고 영어 문장으로 말한 다음 펜으로 쓰세요.

아리엘 윈터

사진작가 콜린 스타크가 말하는데 / 아리엘이 "대단히 협조적이었단다" / 그녀의 머리와 화장 스타일을 결정하는 데 있어서 말이다. / "그녀는 확실히 저와 팀에게 도움이 되었어요 / 그녀 자신과 그녀의 스타일을 위한 최선의 선택을 찾는 데 말이죠." /
아리엘과 콜린은 최고의 휴가 장소에 대해서도 수다를 떨었다. / 그녀가 가장 좋아하는 장소는? / 하와이다. / (우리 생각에는 / 열대 지방으로 여행이 아주 괜찮게 들린다 / 지금 당장에 말이다.) /
〈모던 패밀리〉의 주인공은 인터넷 라디오 방송인 판도라의 채널을 이리저리 바꿨다 / 자신의 기분에 따라서 그렇다. / 에너지가 충만할 때는, / 드레이크, 카니예, 그리고 씨아의 음악이 스피커에서 쾅쾅 흘러나왔다. / 분위기를 바꾸고 싶을 때, / 그녀는 레드 핫 칠리 페퍼즈의 노래를 들었다. /

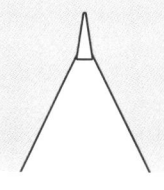

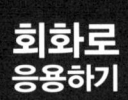

다음 회화를 큰 소리로 다섯 번 낭독하세요.

☐ ☐ ☐ ☐ ☐

A Do you know Collin Stark?

B The fashion photographer?

A Right. He worked with Ariel Winter, *Modern Family* star.

B Sounds interesting.

A He says Ariel was very collaborative. When he decided on her hair and makeup looks she was very helpful.

B I heard she was very active and energetic.

A Yes. During the photo shoot[1], she switched between Pandora stations depending on her mood. When the energy was high, she played Drake, Kanye, and Sia. When she wanted to change the vibe, she listened to the Red Hot Chili Peppers.

A 너 콜린 스타크 알아?
B 그 패션 사진작가?
A 응. 그 사람이 〈모던 패밀리〉 주인공 아리엘 윈터와 작업을 했어.
B 이 얘기 재밌겠다.
A 콜린 스타크 말로는 아리엘이 정말 협조적이었대. 그 사람이 아리엘의 머리와 화장 스타일을 결정하는 데 그녀가 대단히 도움을 많이 줬다는 거지.
B 듣기로는 아리엘이 대단히 활동적이고 에너지가 넘친다던데.
A 그래. 사진 촬영 중에도 판도라 채널을 기분에 따라 여기저기 바꾸면서 음악을 들었대. 에너지가 넘칠 때는 드레이크, 카니예, 그리고 씨아의 음악을 틀었고 분위기를 바꾸고 싶을 땐 레드 핫 칠리 페퍼즈를 들었다네.

---

1) photo shoot 유명인 사진 촬영

DAY 14

스트레스에 관한 새로운 연구에 의하면 그림 그리기, 음악 듣기, 악기 연주, 춤추기, 공예품 만들기, 글쓰기 같은 창의적 분출구가 스트레스 해소에 아주 좋다고 합니다. 자신의 감정을 마음껏 표출할 수 있기 때문에 스트레스 해소에 큰 도움이 된다네요. 그 내용을 함께합니다.

힌트 단어를 보며 전체 의미를 파악해 보세요.

DAY 15

Brush off stress

Paint is mightier than cortisol, / according to new research in the journal *Art Therapy*. / In the study, / three-quarters of people / who spent a ¹⁾45-minute session / working with art materials / significantly lowered their levels of the notorious stress hormone. / "Having a creative outlet, / whether it's art, music, dance, crafting, or writing, / helps us externalize our emotions, / and the act of working with our hands / instills a sense of accomplishment, / study author Girija Kaimal says. / So break out some watercolors / or scribble in your notebook—/ ²⁾anything that starts your creative juices flowing! / You don't have to be ³⁾a Picasso to reap the benefits of an art session. / ⁴⁾It's the process, / not the finished product, / that does it.

---

externalize one's emotion 감정을 표출하다
instill 서서히 주입시키다, 스며들게 하다
a sense of accomplishment 성취감
break out 준비하다
watercolors 수채 그림 물감
scribble in ~에 낙서하다
reap (수확을) 거두다
art session 미술 행위, 미술 시간

독해가 쉬워지는 한 끗
GRAMMAR

① '45분'은 forty-five minutes지만 다른 명사 앞에 놓여 그 명사를 꾸며 주는 형용사처럼 쓰일 때는 a 45-minute session처럼 minutes가 아니라 minute라고 씁니다.

② anything은 원래 의문문이나 부정문에 쓰여요. 그런 anything이 긍정문에 쓰이면 '아무거라도'의 의미가 됩니다. Ex〉 Anything is OK. (아무거라도 좋아.)

③ Picasso 같은 고유 인명 앞에 a가 붙으면 '~ 같은 사람'의 뜻이에요. a Picasso는 '피카소 같은 사람' 즉, 뛰어난 화가를 지칭하지요.

④ It is ~ that ...은 '...인 것은 바로 ~이다'로 It is와 that 사이에 놓인 표현을 강조합니다.

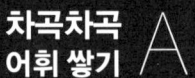

단어와 뜻을 크게 읽으면서 영어 단어를 정성스레 쓰세요.

brush off	털어버리다, 없애다
paint	그림 물감
mighty	힘이 센, 강력한
cortisol	코티솔(스트레스 대항 호르몬)
journal	학술지, 잡지
study	연구
three-quarters	3/4
session	시간, 기간
art material	미술 재료
significantly	상당히, 크게
lower	낮추다
notorious	악명 높은
outlet	분출구
crafting	공예품을 만드는 행위
externalize	표출하다, 표면화하다
instill	스며들게 하다
accomplishment	성취, 업적
study author	연구 저자
break out	준비하다
watercolors	수채 그림 물감
scribble	낙서하다, 갈겨쓰다
creative juice	창의력
flow	넘쳐 흐르다
reap	거두다, 수확하다
benefit	혜택, 이득
process	과정
finished product	완제품
do it	주효하다, 효과가 있다

차곡차곡 어휘 쌓기 B

우리말을 보고 앞에서 학습한 단어를 쓰세요.

거두다, 수확하다	혜택, 이득	완제품
넘쳐 흐르다	낙서하다, 갈겨쓰다	창의력
수채 그림 물감	준비하다	연구 저자
스며들게 하다	표출하다, 표면화하다	공예품을 만드는 행위
분출구	과정	악명 높은
낮추다	상당히, 크게	미술 재료
시간, 기간	연구	3/4
학술지, 잡지	주효하다, 효과가 있다	코티솔(스트레스 대항 호르몬)
그림 물감	힘이 센, 강력한	털어버리다, 없애다
창의력	스며들게 하다	준비하다
미술 재료	악명 높은	분출구
시간, 기간	거두다, 수확하다	넘쳐 흐르다
낙서하다, 갈겨쓰다	낮추다	표출하다, 표면화하다
성취, 업적	털어버리다, 없애다	학술지, 잡지
공예품을 만드는 행위	연구 저자	수채 그림 물감

의미해석

한 의미 단위씩 해석하세요.

Brush off Stress

- ▶ Paint is mightier than cortisol, /

  according to new research in the journal *Art Therapy*. /

- ▶ In the study, / three-quarters of people / who spent a 45-minute session /

  working with art materials /

  significantly lowered their levels of the notorious stress hormone. /

- ▶ "Having a creative outlet, / whether it's art, music, dance, crafting, or writing, /

  helps us externalize our emotions, / and the act of working with our hands /

  instills a sense of accomplishment," / study author Girija Kaimal says. /

- ▶ So break out some watercolors / or scribble in your notebook—/

  anything that starts your creative juices flowing! /

- ▶ You don't have to be a Picasso to reap the benefits of an art session. /

- ▶ It's the process, / not the finished product, / that does it. /

확인학습

우리말 최종 해석을 보고 영어 문장으로 말한 다음 펜으로 쓰세요.

스트레스를 털어버리자

그림 물감이 코티솔보다 더 강력하다, / 학술지 '미술요법'에 발표된 새로운 연구 조사에 따르면 그렇다. / 그 연구에서는, / 4분의 3에 이르는 사람들이 / 45분 동안 시간을 보내며 / 미술 재료를 가지고 작업을 했는데 / 자신들의 악명 높은 스트레스 호르몬 수치를 현저하게 낮추었다. / "창의적인 분출구가 있다는 건 / 그것이 미술이든, 음악이든, 춤이든, 공예품 만들기든, 또는 글쓰기든, / 우리 감정을 표출하는 데 도움을 줍니다 / 그리고 손으로 하는 작업 행위는 / 성취감을 심어 주지요" / 연구 저자인 기리자 카이말은 말한다. / 그러니 수채 그림 물감을 준비하거나 / 노트에 낙서를 하라 / 자신의 창의력이 흘러 넘치게 하는 것은 뭐든 말이다! / 미술 활동의 이익을 거둘 수 있게 피카소 같은 대화가가 될 필요는 없다. / 과정이지, / 완성된 제품이 아니다, / (스트레스 털어버리기에) 효과가 있는 것 말이다. /

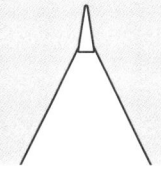

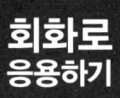

다음 회화를 큰 소리로 다섯 번 낭독하세요.

☐ ☐ ☐ ☐ ☐

A How do you brush off stress?

B I play the guitar. What about you?

A I paint pictures. I feel happy when I paint pictures.

B I think playing the guitar or painting pictures can lower the level of the notorious stress hormone.

A I think so too. Having a creative outlet helps us externalize our emotions.

B I couldn't agree with you more. Expressing emotions plays a very important role in[1] brushing off stress.

A No doubt about it.

A 넌 스트레스를 어떻게 풀어?
B 난 기타를 쳐. 너는?
A 나는 그림 그려. 그림 그릴 때는 정말 마음이 편안해.
B 내 생각에는 기타를 치거나 그림 그리는 게 그 악명 높은 스트레스 호르몬을 낮출 수 있는 것 같아.
A 나도 그렇게 생각해. 창의적인 분출구가 있다는 게 우리가 감정을 표출하는 데 도움이 되지.
B 백 번 옳은 말이야. 감정을 표현하는 게 스트레스 해소에 정말 중요한 역할을 하는 거니까.
A 의심의 여지가 없는 사실이지.

---

1) play a very important role in ~에 아주 중요한 역할을 하다

STEP 1 앞서 배운 내용을 상대방에게 실제 이야기하듯 스피치 훈련을 하세요.
STEP 2 스피치 훈련이 끝나면 원하는 대로 필사 또는 해석 훈련을 하세요.

11 The voice-activated technology raises new questions about the safety of motorists. The technology allows them to interact with their phones and their cars by issuing voice commands. But the technology can be a powerful distraction. The voice-activated systems can take a motorist's mind off the road for more than 10 seconds after stopping interacting with the system.

12 Burdensome and overly complicated government red tape is strangling growth according to the business community. Concern about regulation is soaring among executives. Recently North American chief financial officers named new, burdensome regulation as the No. 2 threat to their business, behind the possibility of a recession.

13 In 2007, the Charlize Theron Africa Outreach Project was started to help end the AIDS epidemic in South Africa. It was taboo in that country to talk about things like safe sex. A lot of things that were not okay to talk about have killed many people in South Africa. That's definitely changing, though.

14 This is what the fashion photographer Collin Stark said about Ariel Winter, the *Modern Family* star. She was very collaborative when it came to deciding on her hair and makeup looks. Ariel's favorite vacation spot was Hawaii. During the photo shoot, she listened to Drake, Kanye, Sia and the Red Hot Chili Peppers.

15 Paint is mightier than stress hormone. Working with art materials can lower the level of the stress hormone. The creative outlet, such as art, music, dance, crafting, or writing, helps us externalize our emotions, and the act of working with our hands instills a sense of accomplishment. It's the process, not the finished product, that brushes off stress.

"Every Breath You Take", "Shape of My Heart", "Englishman In New York", "Fragile"의 가수 스팅이 2016년 말미에 새 앨범 〈57th & 9th〉를 발표했습니다. 또 2016년 12월, 노벨 평화상 기념 콘서트에서 노래하기도 했습니다. 그의 이야기를 함께합니다.

DAY 16

힌트 단어를 보며 전체 의미를 파악해 보세요.

Sting to Perform at Nobel Peace Prize Concert

Nobel Peace Prize Concert organizers announced / that composer, singer-songwriter, actor, author, / and activist Sting 1)will perform at the 23rd annual Nobel Peace Prize Concert / on Sunday, December 11th / in Oslo, Norway / at the Telenor Arena. / 2)Performing a song off his new pop/rock album, *57th & 9th* / as well as some classic hits, / Sting will join a musical lineup / that already includes Halsey and Highasakite, / with Conan O'Brien serving as the evening's host. / "It is truly an honor / to be performing at the Nobel Peace Prize Concert this year," / said Sting. / "I have always believed in / music as an important way of amplifying messages of peace / and we certainly hope to achieve 3)that / with this concert." /

---

lineup 진용, 예정표
serve as a host 사회를 보다, 진행하다
believe in A as B A를 B라고 믿고 신뢰하다
amplify 증폭시키다

독해가 쉬워지는 한끗
GRAMMAR

① 원래는 announced의 영향으로 will이 형식상 would로 바뀌는 것이 정상이지만 '의미의 강조, 생생한 의미 전달'을 위해서 will을 그대로 살려 두었습니다.

② 문장 맨 앞에 오는 〈동사-ing〉는 동명사 아니면 현재분사입니다. 이 문장에서는 현재분사로 쓰였고요. 동명사가 아닌 현재분사가 문장 맨 앞에 올 때는 대개 '~하면서, ~라면, ~이기 때문에, ~할 때'의 의미로 많이 쓰입니다. 여기서는 '공연하면서' 또는 '공연하는 조건으로'의 의미로 해석할 수 있습니다.

③ 이 문장에서의 that은 관계대명사도, 접속사도 아닌, 앞에서 언급한 것을 받는 대명사이고 가리키는 내용은 amplifying messages of peace입니다.

차곡차곡 어휘 쌓기 A

단어와 뜻을 크게 읽으면서 영어 단어를 정성스레 쓰세요.

perform	공연하다
Nobel Peace Prize	노벨 평화상
organizer	주최자, 조직자
announce	발표하다, 알리다
composer	작곡가
singer-songwriter	싱어 송라이터
author	작가
activist	정치나 사회운동가
annual	매년의, 연례의
arena	공연장, 무대
a song off one's album	OO의 앨범에 수록된 곡
as well as	~뿐 아니라
classic hits	대표적인 히트곡들
join	~에 합류하다
musical	음악의, 음악적인
lineup	진용, 예정표
include	~을 포함하다
serve	봉사하다, 기여하다
host	진행자
truly	정말로, 진심으로
honor	영광, 명예
believe in	~ 자체를 믿다
a way of	~하는 방법
amplify	증폭시키다
certainly	틀림없이, 분명히
achieve	달성하다, 해내다

DAY 16

차곡차곡 어휘 쌓기 B

우리말을 보고 앞에서 학습한 단어를 쓰세요.

증폭시키다	달성하다, 해내다	~ 자체를 믿다
진행자	영광, 명예	정말로, 진심으로
진용, 예정표	~을 포함하다	봉사하다, (역할을) 담당하다
~에 합류하다	대표적인 히트곡들	~뿐 아니라
공연장, 무대	매년의, 연례의	OO의 앨범에 수록된 곡
공연하다	작가	정치나 사회운동가
작곡가	발표하다, 알리다	싱어 송라이터
틀림없이	주최자, 조직자	노벨 평화상
달성하다, 해내다	음악의, 음악적인	~하는 방법
싱어 송라이터	~ 자체를 믿다	~에 합류하다
~뿐 아니라	공연하다	영광, 명예
봉사하다, (역할을) 담당하다	정말로, 진심으로	발표하다, 알리다
정치나 사회운동가	진용, 예정표	주최자, 조직자
발표하다, 알리다	진행자	공연장, 무대
매년의, 연례의	작곡가	증폭시키다

의미해석

한 의미 단위씩 해석하세요.

Sting to Perform at Nobel Peace Prize Concert

- Nobel Peace Prize Concert organizers announced /

  that composer, singer-songwriter, actor, author, /

  and activist Sting will perform at the 23rd annual Nobel Peace Prize Concert /

  on Sunday, December 11th / in Oslo, Norway / at the Telenor Arena. /

- Performing a song off his new pop/rock album, *57th & 9th* /

  as well as some classic hits, / Sting will join a musical lineup /

  that already includes Halsey and Highasakite, /

  with Conan O'Brien serving as the evening's host. /

- "It is truly an honor /

  to be performing at the Nobel Peace Prize Concert this year," / said Sting. /

- "I have always believed in /

  music as an important way of amplifying messages of peace /

  and we certainly hope to achieve that / with this concert."/

DAY 16

확인학습

우리말 최종 해석을 보고 영어 문장으로 말한 다음 펜으로 쓰세요.

노벨 평화상 콘서트에서 공연하게 될 스팅

노벨 평화상 콘서트 주최 측에서 공식 발표했다 / 작곡가이자 싱어송라이터, 배우, 작가, / 그리고 사회운동가인 스팅이 23번째 열리는 연례 노벨 평화상 콘서트에서 공연할 것이라는 내용이었다 / 날짜는 12월 11일 일요일, / 노르웨이 오슬로에 있는 / 텔레노 공연장에서이다. / 새로 발매한 자신의 팝/록 앨범 〈57가와 9번가 교차로〉에서 한 곡을 연주하는 조건으로 / 물론 대표적인 히트곡도 포함해서 / 스팅은 음악 연주 진용에 합류할 예정이며 / 그 진용에는 이미 Halsey와 (노르웨이 출신 그룹) Highasakite도 포함되어 있다 / 코난 오브라이언이 그 저녁 행사의 진행을 맡는다. /

"정말 영광입니다 / 올해, 노벨 평화상 콘서트에서 연주를 하다니요" / 스팅이 말했다. / "제가 늘 믿어 온 게 있는데 / 음악이야말로 평화의 메시지를 증폭시키는 중요한 방법이라고 말이죠 / 그리고 우리는 분명히 그 목표를 이루길 희망합니다 / 이번 콘서트를 통해서 말입니다." /

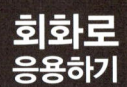

다음 회화를 큰 소리로 다섯 번 낭독하세요.

☐ ☐ ☐ ☐ ☐

A Sting released a new rock & pop album.

B Is that right? What's the title?

A 57th & 9th.

B Sounds like a Manhattan street and an avenue.

A That's right. And he's going to perform at the Nobel Peace Prize Concert this year.

B Wow, sounds good. When is it?

A December 11th, in Oslo, Norway.

B He must be performing new songs off his new album, including classic hits.

A 스팅이 새로운 록 & 팝 앨범을 발표했어.
B 그래? 제목은?
A 〈57가와 9번가 교차로〉야.
B 맨해튼 거리를 말하는 것 같은데.
A 맞아. 그리고 올해 노벨 평화상 콘서트 무대에서 공연할 거래.
B 와, 좋은데. 언제야?
A 12월 11일 노르웨이 오슬로에서.
B 새 앨범에 수록된 새 노래들 부르겠네. 대표 히트곡들도 포함해서.

러시아가 낳은 세계적인 문호 톨스토이. 그의 작품 중에서 〈안나 카레니나〉는 단순한 소설이 아니라 인간의 한 단면을 적나라하게 들춰 낸 최고의 명작으로 손꼽힙니다. 오늘은 이 〈안나 카레니나〉에 대한 이야기를 함께합니다.

DAY 17

힌트 단어를 보며 전체 의미를 파악해 보세요.

Anna Karenina

1) Considered by some / to be the greatest novel ever written, / "Anna Karenina" is Tolstoy's classic tale of love and adultery / set against the backdrop of high society in Moscow and Saint Petersburg. / A rich and complex masterpiece, / the novel charts the disastrous course of a love affair / between Anna, a beautiful married woman, and Count Vronsky, a wealthy army officer. / Tolstoy seamlessly weaves together the lives of dozens of characters, / and 2) in doing so captures a breathtaking 3) tapestry / of late-nineteenth-century Russian society. / Matthew Arnold wrote in his celebrated essay on Tolstoy, / "We 4) are not to take Anna Karenina as a work of art; / we are to take it as a piece of life." /

---

set against
~을 배경으로 설정된
backdrop 배경
chart 과정을 기록하다
love affair 정사, 연애 사건
weave together 엮다, 짜다
breathtaking
숨이 멎을 듯한, 숨막히는
take A as B A를 B로 받아들이다

독해가 쉬워지는 한끗
GRAMMAR

① 사실 이 문장은 살짝 오류가 있어요. to부정사는 보통 '미래'의 의미를 포함하기에 considered to be the greatest novel은 '앞으로 최고의 소설이 될 거라고 여겨지는'의 뜻이 돼요. 하지만 이미 〈안나 카레니나〉는 최고의 소설이 되었기 때문에, 정확한 문장으로는 Considered as the greatest novel ever written으로 써야 맞습니다.

② 〈in+동사-ing〉는 '~할 때에, ~함으로써'의 뜻이에요. 〈when/while+주어+동사〉로 바꿔 쓸 수 있어요.

③ tapestry는 문양을 넣어 짠 직물이지만 여기서 실제 직물을 짜는 건 아니죠. 직물을 짜듯 촘촘하게 19세기 후반 러시아 사회의 다양한 현상들을 정교하게 글로 담아내고 있다는 걸 은유적으로 말한 거랍니다.

④ 〈be동사+to부정사〉는 여러 가지 의미로 해석되지만, 여기서는 '~해야 한다'는 당위의 뜻으로 쓰였습니다.

단어와 뜻을 크게 읽으면서 영어 단어를 정성스레 쓰세요.

consider	여기다, 간주하다
classic	대표적인, 고전적인
tale	이야기, 소설
adultery	간통
set against	~를 무대로 설정하다
backdrop	배경
high society	상류사회
rich	다채로운, 풍요로운
complex	복잡한
masterpiece	걸작, 명작
chart	과정을 기록하다
disastrous	처참한, 형편없는
a love affair	정사, 연애 사건
married	결혼한, 기혼의
count	백작
wealthy	부유한, 재산이 많은
army officer	군인 장교
seamlessly	매끄럽게
weave together	엮다, 짜다
dozens of	수십 명(개)의
character	(이야기 속) 인물
capture	글로 담아내다
breathtaking	숨막히는, 숨이 멎는 듯한
tapestry	태피스트리 (색실로 그림을 짜 넣은 직물)
celebrated	유명한
take	(인정하여) 받아들이다
a work of art	예술 작품
a piece of life	인생의 한 단면

DAY 17

차곡차곡 어휘 쌓기 B

우리말을 보고 앞에서 학습한 단어를 쓰세요.

유명한	태피스트리	예술 작품
글로 담아내다	숨이 멎는 듯한	인생의 한 단면
(이야기 속) 인물	수십 명(개)의	엮다, 짜다
부유한	매끄럽게	군인 장교
백작	결혼한, 기혼의	정사, 연애 사건
처참한	과정을 기록하다	걸작, 명작
다채로운	복잡한	상류사회
배경	간통	~를 무대로 설정하다
이야기, 소설	대표적인, 고전적인	여기다, 간주하다
(인정하여) 받아들이다	유명한	인생의 한 단면
수십 명(개)의	(이야기 속) 인물	예술 작품
엮다, 짜다	백작	매끄럽게
간통	정사, 연애 사건	과정을 기록하다
고전적인	상류사회	배경
복잡한	~를 무대로 설정하다	이야기, 소설

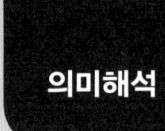

한 의미 단위씩 해석하세요.

Anna Karenina

▶ Considered by some / to be the greatest novel ever written, /

"Anna Karenina" is Tolstoy's classic tale of love and adultery /

set against the backdrop of high society in Moscow and Saint Petersburg. /

▶ A rich and complex masterpiece, /

the novel charts the disastrous course of a love affair /

between Anna, a beautiful married woman, and Count Vronsky, a wealthy army officer. /

▶ Tolstoy seamlessly weaves together the lives of dozens of characters, /

and in doing so captures a breathtaking tapestry /

of late-nineteenth-century Russian society. /

▶ Matthew Arnold wrote in his celebrated essay on Tolstoy, /

▶ "We are not to take *Anna Karenina* as a work of art; /

we are to take it as a piece of life." /

확인학습

우리말 최종 해석을 보고 영어 문장으로 말한 다음 펜으로 쓰세요.

안나 카레니나

일부 사람들에게 간주되기를 / 이제껏 쓰여진 소설들 중에서 가장 위대한 소설인, / "안나 카레니나"는 톨스토이의 사랑과 간통을 주제로 한 대표적인 이야기로 / 모스크바와 상트페테르부르크의 상류사회를 배경으로 설정되어 있다. / 다채롭고 복잡한 명작인, / 이 소설은 한 연애사의 처참한 과정을 그려 나간다 / 아름다운 유부녀 안나와 부유한 군인 장교 브론스키 백작 사이의 연애사이다. / 톨스토이는 수십 명에 이르는 등장 인물들의 삶을 매끄럽게 엮어 나간다 / 그리고 그렇게 하면서 그는 숨이 멎을 정도로 다양한 색깔의 현상들을 글로 담아 내고 있다 / 19세기 후반 러시아 사회의 군상이다. / 매튜 아놀드는 톨스토이에 관한 자신의 유명한 에세이에 이렇게 썼다, / "우리는 〈안나 카레니나〉를 예술 작품으로 받아들이면 안 됩니다. / 하나의 삶의 단면으로 받아들여야 합니다."/

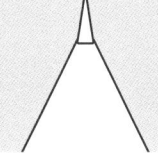

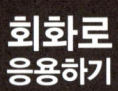

다음 회화를 큰 소리로 다섯 번 낭독하세요.

A: Have you read "Anna Karenina"?

B: You mean the novel by Tolstoy?

A: Yes. The greatest novel ever written.

B: I agree. I can't remember the story, though[1]. I read it when I was young.

A: It's a Tolstoy's classic tale of love and adultery.

B: Ah, Anna has a love affair with Count Vronsky.

A: That's right. It's a rich and complex masterpiece and it charts the disastrous course of a love affair between Anna and her lover Vronsky.

B: I'll read it again.

A 너 〈안나 카레니나〉 읽어 봤어?
B 톨스토이 소설 말이야?
A 그래. 역사상 가장 훌륭한 소설이지.
B 나도 그렇게 생각해. 이야기가 기억나지는 않지만, 어렸을 때 읽었어.
A 톨스토이의 사랑과 간통을 주제로 한 대표작이지.
B 아, 안나가 브론스키 백작과 바람을 피우는 이야기잖아.
A 맞아. 다채롭고 복잡한 명작이야. 그리고 안나와 그녀와 정을 통하는 남자 브론스키 사이의 처참한 연애사의 과정을 서술하고 있지.
B 다시 한 번 읽어 봐야겠어.

---

1) though 비록 ~이지만

DAY 17

미국인의 생활 속 이야기를 접하다 보면 그들의 문화와 사고방식은 물론, 그들이 평소에 자연스럽게 사용하는 속어와 축약어들을 어렵지 않게 만나게 됩니다. 속어와 축약어가 쓰인 글을 한 편 읽어 보시죠.

DAY 18

힌트 단어를 보며 전체 의미를 파악해 보세요.

Mane Event

 I was in my dorm room and ¹⁾had just applied a hair mask / when my bestie ¹⁾called, / really ²⁾stressed out about a test. / I had to bring her some class notes, / so I ³⁾put on sweats and headed to the library. / It had just started to rain, / and by the time I got inside, / I was all wet and had conditioner dripping down my face. / Even worse? / I bumped into my new BF and his friends—/ who I hadn't even met yet! / It wasn't a great first impression, / but my friend got an A on her test. /

mane 사자머리
bestie 가장 친한 친구 (= best friend)
BF 남자친구 (= boyfriend)
first impression 첫인상
get an A on ~에서 A를 받다

독해가 쉬워지는 한끗
GRAMMAR

① had applied와 called를 이용하여 시간의 순서에 따라 과거완료와 과거시제를 정확하게 사용하고 있습니다. just는 어떤 일이 방금 전에 일어났음을 의미해요.

② 이렇게 콤마(,) 뒤에 과거분사형이 밑도 끝도 없이 오게 되면 거의 100% 그 앞에 (관계대명사+be동사)가 생략됐다고 보면 됩니다. 앞에 나온 명사를 구체적으로 설명하는 역할을 하지요. 여기서는 who was가 생략된 채로 앞에 나온 bestie를 수식합니다.

③ 옷을 입는 동작은 put on ~으로 표현하고 이미 입고 있는 상태는 wear ~로 표현합니다. sweats은 sweat shirt와 sweat pants를 합한, 흔히 말하는 '추리닝(운동복)'을 가리키는 단어입니다.

차곡차곡 어휘 쌓기 A

단어와 뜻을 크게 읽으면서 영어 단어를 정성스레 쓰세요.

단어	뜻
mane	사자머리
event	사건
dorm	기숙사
just	방금, 막
apply	(화장품, 연고 등을) 바르다
hair mask	머리가 빨리 자라거나 안 빠지게 머리에 바르는 것
bestie	가장 친한 친구
stressed out	스트레스를 심하게 받은
bring	가져다 주다
class notes	강의 노트
put on	~을 입다
sweats	추리닝, 운동복
head to	~로 향하다
start to+V	~하기 시작하다
rain	비가 오다
by the time	~일 때쯤
get inside	안으로 들어가다
all	완전히
wet	젖은
conditioner	두발용 컨디셔너
drip	방울방울 뚝뚝 떨어지다
worse	더 나쁜, 더 심한
bump into	우연히 만나다
BF	남자친구, 애인
yet	(부정문에서) 아직
impression	인상

DAY 18

차곡차곡 어휘 쌓기 B

우리말을 보고 앞에서 학습한 단어를 쓰세요.

인상	남자친구, 애인	우연히 만나다
더 나쁜	두발용 컨디셔너	방울방울 뚝뚝 떨어지다
완전히	안으로 들어가다	~일 때쯤
비가 오다	추리닝, 운동복	~을 입다
가져다 주다	강의 노트	스트레스를 심하게 받은
(화장품, 연고 등을) 바르다	가장 친한 친구	머리에 바르는 것
기숙사	사건	사자머리
젖은	우연히 만나다	방금, 막
(부정문에서) 아직	~하기 시작하다	안으로 들어가다
완전히 젖은	~로 향하다	(화장품, 연고 등을) 바르다
남자친구	~일 때쯤	강의 노트
스트레스를 심하게 받은	더 나쁜, 더 심한	인상
머리에 바르는 것	우연히 만나다	가장 친한 친구
사건	기숙사	두발용 컨디셔너
추리닝, 운동복	사자머리	~로 향하다

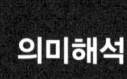

한 의미 단위씩 해석하세요.

Mane Event

▶ I was in my dorm room and had just applied a hair mask /

when my bestie called, / really stressed out about a test. /

▶ I had to bring her some class notes, /

so I put on sweats and headed to the library. /

▶ It had just started to rain, / and by the time I got inside, /

I was all wet and had conditioner dripping down my face. /

▶ Even worse? /

▶ I bumped into my new BF and his friends—/ who I hadn't even met yet! /

▶ It wasn't a great first impression, / but my friend got an A on her test. /

확인학습

우리말 최종 해석을 보고 영어 문장으로 말한 다음 펜으로 쓰세요.

사자머리 사건

저는 제 기숙사 방에서 있다 방금 전에 헤어 마스크를 바른 상태였습니다 / 그때 제 가장 친한 친구가 전화를 했더라고요. / 시험 때문에 스트레스를 정말 심하게 받은 상태로 말이죠. / 제가 그 친구의 강의 노트를 가져다 줘야 했어요, / 그래서 저는 위아래 운동복을 입고 도서관으로 향했습니다. / 막 비가 오기 시작했고, / 안으로 들어갔을 때쯤에는 / 저는 완전히 젖었고 (머리에 바른) 컨디셔너가 제 얼굴 위로 뚝뚝 떨어지고 있었습니다. / 그보다 더 난리요? / 제가 새 남자친구와 그 사람 친구들을 우연히 만났다는 겁니다 / 심지어 전 그 친구들을 전에 한번도 본 적이 없었거든요! / 멋진 첫인상은 아니었죠 / 그렇지만 제 친구는 시험에서 A를 받았답니다. /

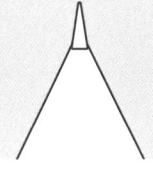

회화로 응용하기

다음 회화를 큰 소리로 다섯 번 낭독하세요.

☐ ☐ ☐ ☐ ☐

A I was in my dorm room and had just applied a hair mask the other day.

B And?

A Jennifer called. She sounded stressed out about a test.

B She must have been.

A She asked me to bring her some class notes. I put on sweats and headed to the library. It suddenly started to rain.

B You didn't carry an umbrella.

A No. By the time I got inside, I was all wet and conditioner was dripping down my face. Even worse? I bumped into my new BF and his friends.

B Oh, it sounds awkward enough.

A 일전에 내가 기숙사 방에서 있다 막 헤어 마스크를 바른 상태였거든.
B 그런데?
A 제니퍼가 전화를 했더라고. 시험 때문에 스트레스가 심한 목소리였어.
B 걔 그랬을 거야.
A 강의 노트를 자기한테 좀 가져다 달라고 부탁하는 거야. 난 위아래 운동복을 입고 도서관으로 향했지. 갑자기 비가 오기 시작하네.
B 우산을 안 가져갔구나.
A 그렇지. 안으로 들어갔을 때 난 이미 다 젖은 상태였고 머리에 바른 컨디셔너는 내 얼굴에 뚝뚝 떨어지고 있었어. 더 황당했던 게 뭐였는지 알아? 우연히 내 새 남자친구랑 그의 친구들을 만난 거야.
B 아이구, 듣기만 해도 충분히 곤란했겠네.

보통 사람들은 상상하지도 못했던 것들이 누군가에게는 취미가 되고 그들의 삶의 방식이 되곤 합니다. 미국에서는 스카이다이빙을 평생 한 번 해 볼 버킷리스트 속 행위가 아니라 평상시 취미로 즐기는 사람들이 늘어나고 있답니다. 오늘은 그 내용을 함께합니다.

힌트 단어를 보며 전체 의미를 파악해 보세요.

DAY 19

Skydiving is Actually a Sport

 Skydiving is an activity / that's almost 1)synonymous with bucket lists. / But before you enter the wonderful world of skydiving, / understand / that jumping out of a perfectly good airplane / doesn't have to be a once-in-a-lifetime thrill. / "People think / that with skydiving, / you just 2)go do one jump," / says Nancy Koreen, / director of sport promotion at the United States Parachute Association. / "They don't realize / that it's a whole sport / that people do every week / as a hobby and a lifestyle." / 3)The number of annual skydives in America / has been growing steadily since 2007, / with estimated 4.2 million jumps last year alone. / Advanced jumpers can even compete in all sorts of skydiving competitions. /

---

once-in-a-lifetime
평생 한 번 뿐인
don't have to be
~일 필요는 없다
parachute 낙하산
the number of ~의 숫자
annual 해마다의, 연례의
all sorts of 모든 종류의

독해가 쉬워지는 한끗
GRAMMAR

① synonym은 '동의어', synonymous는 '동의어의', 우리말의 '~와 동의어인'은 synonymous with로 표현합니다. 많이 비슷하죠?

② 사실 go do처럼 동사 뒤에 바로 동사가 나오면 틀려요. 하지만 go나 come만큼은 예외를 둬서 〈go+동사〉는 '가서 ~하다'의 뜻이고, 〈come+동사〉는 '와서 ~하다'의 뜻입니다.

③ A number of는 '많은'의 뜻으로 many, a lot of와 같은 뜻이에요. The number of ~는 '~의 수(숫자)'의 뜻으로 A를 쓰느냐, The를 쓰느냐에 따라 의미가 완전히 달라지니까 헷갈리지 않도록 하세요.

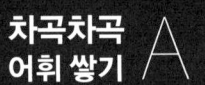

단어와 뜻을 크게 읽으면서 영어 단어를 정성스레 쓰세요.

skydiving	스카이다이빙
actually	사실은, 실제로
sport	스포츠, 운동
activity	(특별한 목적을 위한) 활동
synonymous	아주 밀접한, 비슷한 뜻을 갖는
bucket list	죽기 전에 꼭 하고 싶은 목표 리스트
jump out of	~에서 뛰어내리다
perfectly	완전히, 지극히
once-in-a-lifetime	평생 단 한 번 뿐인
thrill	황홀감, 전율
director	책임자, 관리자
promotion	홍보, 판촉
parachute	낙하산
association	협회
realize	깨닫다
whole	온전한
lifestyle	생활 방식
annual	연간의, 매년의
skydive	비행기에서 뛰어내림
steadily	착실하게, 꾸준히
estimated	추측의, 견적의
alone	단독으로
advanced	상급의, 고급의
compete	경쟁하다
all sorts of	모든 종류의
competition	대회, 시합, 경쟁

DAY 19

차곡차곡 어휘 쌓기 B

우리말을 보고 앞에서 학습한 단어를 쓰세요.

경쟁하다	상급의, 고급의	대회, 시합, 경쟁
착실하게	비행기에서 뛰어내림	추측의, 견적의
온전한	생활 방식	단독으로
깨닫다	낙하산	홍보, 판촉
협회	황홀감, 전율	책임자, 관리자
완전히, 지극히	~에서 뛰어내리다	평생 단 한 번 뿐인
스포츠, 운동	스카이다이빙	비슷한 뜻을 갖는
사실은, 실제로	경쟁하다	특별한 목적을 위한 활동
~에서 뛰어내리다	깨닫다	죽기 전에 꼭 하고 싶은 목표 리스트
생활 방식	대회, 시합, 경쟁	비행기에서 뛰어내림
낙하산	협회	황홀감, 전율
홍보, 판촉	책임자, 관리자	모든 종류의
상급의, 고급의	추측의, 견적의	스카이다이빙
연간의, 매년의	온전한	평생 단 한 번 뿐인
비슷한 뜻을 갖는	완전히, 지극히	사실은, 실제로

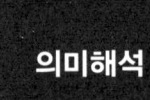

의미해석

한 의미 단위씩 해석하세요.

Skydiving is Actually a Sport

- ▶ Skydiving is an activity / that's almost synonymous with bucket lists. /

- ▶ But before you enter the wonderful world of skydiving, /

  understand / that jumping out of a perfectly good airplane /

  doesn't have to be a once-in-a-lifetime thrill. /

- ▶ "People think / that with skydiving, / you just go do one jump," /

  says Nancy Koreen, /

  director of sport promotion at the United States Parachute Association. /

- ▶ "They don't realize / that it's a whole sport /

  that people do every week / as a hobby and a lifestyle." /

- ▶ The number of annual skydives in America /

  has been growing steadily since 2007, /

  with estimated 4.2 million jumps last year alone. /

- ▶ Advanced jumpers can even compete in all sorts of skydiving competitions. /

확인학습

우리말 최종 해석을 보고 영어 문장으로 말한 다음 펜으로 쓰세요.

스카이다이빙은 사실 스포츠이다

스카이다이빙은 하나의 활동으로 / 그건 버킷리스트와 거의 비슷한 뜻으로 쓰인다. / 그렇지만 스카이다이빙의 멋진 세계로 입문하기 전에 / (다음과 같은 사항을) 이해해라 / 완벽할 정도로 멋진 비행기에서 뛰어내리는 행위가 / 반드시 평생에 한 번뿐일 황홀감일 필요는 없다는 것이다. / "사람들이 생각하는 게 / 스카이다이빙이라고 하면, / 그냥 가서 한 번 뛰어내리는 것이라고 말입니다" / 낸시 코린이 말한다, / 그녀는 미국 낙하산 협회의 스포츠 홍보 책임자이다. / "사람들은 미처 깨닫지 못하고 있어요 / 그게 온전한 스포츠라는 사실을요 / 그건 사람들이 매주 하는 겁니다 / 취미로서, 그리고 생활 방식으로서 말입니다." / 매년 미국에서 스카이다이브의 숫자는 / 2007년 이래로 지금까지 꾸준히 상승하고 있다, / 작년에만 단독으로 추측하면 420만회 정도이다. / 수준 높은 다이버들은 심지어 모든 종류의 스카이다이빙 대회에서 경쟁까지도 할 수 있다. /

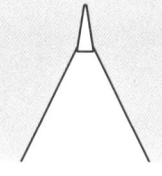

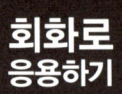

다음 회화를 큰 소리로 다섯 번 낭독하세요.

☐ ☐ ☐ ☐ ☐

A Have you skydived?

B Skydiving? No. It usually belongs to[1] bucket lists, doesn't it?

A I think so, but they say skydiving doesn't have to be a once-in-a-lifetime thrill.

B Then, what?

A They say it's a whole sport that people do every week as a hobby and a lifestyle.

B Skydiving can be a hobby? No!

A Hahaha. But the number of annual skydives in America has been growing steadily since 2007.

B That doesn't mean that skydiving has to be one of my hobbies.

A 너 스카이다이빙 해 봤어?
B 스카이다이빙? 아니. 그건 보통 버킷리스트에 포함되는 거 아닌가?
A 나도 그렇게 생각하는데, 사람들 말로는 스카이다이빙이 꼭 평생 딱 한 번 뿐인 스릴 있는 경험일 필요는 없다는 거야.
B 그러면, 뭐?
A 온전히 하나의 스포츠라는 거지. 사람들이 매주 취미로, 생활 방식으로 행하는 뭐, 그런 거 말이야.
B 스카이다이빙이 취미가 될 수 있다고? 말도 안 돼!
A 하하하. 하지만 매년 미국에서 스카이다이빙 횟수가 2007년 이래로 꾸준히 늘어나는 추세야.
B 그렇다고 스카이다이빙이 내 취미가 되어야 하는 건 아니지.

---

1) belong to ~에 속하다

거짓말 안 해 본 사람이 없죠? 그런데요, 거짓말은 절대 해서는 안 되는 겁니다. 우리 뇌의 중립적 판단에 결정적인 역할을 하는 편도체는 거짓말에 민감한 반응을 보이는데 계속되는 거짓말 앞에서는 그것도 무뎌진다고 하네요. 거짓말에 관한 이야기를 함께합니다.

힌트 단어를 보며 전체 의미를 파악해 보세요.

DAY 20

The Real Problem with Telling Lies

The truth hurts. / Or is it lying that hurts more?/ Most people [1)]would agree / that dishonesty leads to a variety of negative results, / including broken trust, destroyed relationships, and even lost jobs. /
So why do people lie? / Most people lie / in order to [2)]make themselves look better, / to avoid hurting people's feelings, / or to gain social status in some way. / Lying is never ideal, / but new research has shown / that it can actually be quite sinister—/ because it paves the way for more and bigger lies. / In a new study conducted at the University College London, / researchers told participants / that overestimating the amount of pennies in a jar [1)]would lead to personal gain. / Participants' brains were scanned for activity / during their responses. / When they first began exaggerating the number of pennies in the jar, / their amygdala, / the brain's built-in gauge of right and wrong, / responded strongly in reaction to their dishonesty. / But as their exaggerations increased, / the response of their amygdala decreased, / showing that the brain becomes desensitized to repetitive dishonesty. /

lead to ~에 이르다
a variety of 다양한
sinister 해로운, 사악한
desensitize 둔감하게 만들다

독해가 쉬워지는 한끗
GRAMMAR

① 똑같은 would이지만, 앞의 문장에서 쓰인 would는 '(생각이나 상상하는 일의 결과에 대해 말할 때 쓰는) ~일 것이다'이고요, 뒤의 문장에서 쓰인 would는 과거시제 문장에서 시제 일치를 위해 will의 과거형을 쓴 것입니다.

② <make A+동사원형>은 'A가 ~하게 만들다'의 뜻입니다. 여기서는 '스스로를 멋지게 보이게 만들다'의 뜻이네요. avoid는 뒤에 동명사가 나오는 것에 주의하세요.

단어와 뜻을 크게 읽으면서 영어 단어를 정성스레 쓰세요.

hurt	마음이 아프다, 아프게 하다
dishonesty	부정직, 부정
variety	여러 가지, 갖가지
negative	부정적인
destroyed	파괴된
avoid	방지하다, 회피하다
social status	사회적 지위
ideal	이상적인, 가장 알맞은
sinister	해로운, 사악한
pave the way for	~을 위해 길을 열다, ~을 용이하게 하다
conduct	수행하다, 지휘하다
participant	참가자
overestimate	과대평가하다
jar	(잼, 꿀 등을 담아 두는) 병
personal gain	개인 이득
scan	정밀 검사하다, 정밀 촬영하다
response	반응
exaggerate	과장하다
amygdala	편도체
built-in	붙박이의
gauge	기준, 측정기
respond	응답하다, 반응하다
in reaction to	~에 반응해서
exaggeration	과장
increase	상승하다, 늘어나다
decrease	줄다, 감소하다
desensitize	둔감하게 만들다
repetitive	반복되는, 반복적인

DAY 20

차곡차곡 어휘 쌓기 B

우리말을 보고 앞에서 학습한 단어를 쓰세요.

줄다, 감소하다	반복되는, 반복적인	둔감하게 만들다
과장	상승하다, 늘어나다	~에 반응해서
붙박이의	기준, 측정기	응답하다, 반응하다
반응	과장하다	편도체
(잼, 꿀 등을 담아 두는) 병	개인 이득	정밀 검사하다, 정밀 촬영하다
참가자	과대평가하다	수행하다, 지휘하다
해로운, 사악한	이상적인, 가장 알맞은	~을 위해 길을 열다
파괴된	방지하다, 회피하다	사회적 지위
부정적인	여러 가지, 갖가지	부정직, 부정
마음이 아프다, 아프게 하다	편도체	~에 반응해서
기준, 측정기	과장	반복되는, 반복적인
과장하다	반응	개인 이득
과대평가하다	해로운, 사악한	~을 용이하게 하다
사회적 지위	부정직, 부정	마음이 아프다, 아프게 하다
여러 가지	참가자	이상적인, 가장 알맞은

의미해석

한 의미 단위씩 해석하세요.

The Real Problem with Telling Lies

▶ The truth hurts. / Or is it lying that hurts more? /

▶ Most people would agree / that dishonesty leads to a variety of negative results, / including broken trust, destroyed relationships, and even lost jobs. /

▶ So why do people lie? / Most people lie / in order to make themselves look better, / to avoid hurting people's feelings, / or to gain social status in some way. /

▶ Lying is never ideal, / but new research has shown / that it can actually be quite sinister—/ because it paves the way for more and bigger lies. /

▶ In a new study conducted at the University College London, / researchers told participants / that overestimating the amount of pennies in a jar would lead to personal gain. /

▶ Participants' brains were scanned for activity / during their responses. /

▶ When they first began exaggerating the number of pennies in the jar, / their amygdala, / the brain's built-in gauge of right and wrong, / responded strongly in reaction to their dishonesty. /

▶ But as their exaggerations increased, / the response of their amygdala decreased, / showing that the brain becomes desensitized to repetitive dishonesty. /

우리말 최종 해석을 보고 영어 문장으로 말한 다음 펜으로 쓰세요.

거짓말하는 것의 진짜 문제

진실은 아프다. / 아니면 더 아픈 건 거짓말하는 것인가? / 대부분의 사람들이 동의할 것이 / 부정직이 여러 가지 다양한 부정적인 결론에 이르게 된다는 사실이다, / 여기에는 깨진 신뢰, 무너진 관계, 그리고 심지어는 잃어버린 직장까지도 포함된다. / 그러면 왜 사람들은 거짓말을 하는 걸까? / 사람들 대부분이 거짓말을 하는 건 / 스스로를 더 나아 보이게 하기 위해서, / 다른 사람들의 감정을 다치게 하고 싶지 않아서, / 또는 어떤 면에서는 사회적 지위를 얻기 위해서이다. / 거짓말하는 것은 절대 이상적인 게 아니다, / 하지만 새로운 연구가 보여 주는 게 / 거짓말은 사실 대단히 사악한 것일 수 있다는 것이다 / 왜냐하면 그게 더 많은, 그리고 더 큰 거짓말들을 용이하게 하기 때문이다. /

UCL에서 진행된 새로운 연구에서 / 연구원들은 참가자들에게 이렇게 말했다 / 병 속에 든 1페니짜리 동전의 총 개수를 과다하게 평가하면 개인적인 이익으로 이어질 수 있다고 말이다. / 참가자들의 뇌는 그 움직임이 정밀 촬영되었다. / 뇌가 반응을 보이는 동안 말이다. / 참가자들이 처음 병 속에 든 페니의 숫자를 과장하기 시작했을 때, / 편도체는, / 뇌에 내재되어 있는 옳고 그름을 판단하는 게이지인데, / 그들의 부정직에 반응하여 강하게 반응했다. / 하지만 그들의 과장이 상승될수록, / 편도체의 반응은 감소되었다, / 그러면서 뇌가 반복되는 부정직에 둔감해진다는 것을 보여 주었다. /

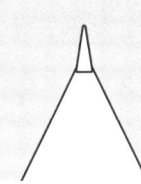

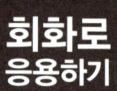
회화로 응용하기

다음 회화를 큰 소리로 다섯 번 낭독하세요.

☐ ☐ ☐ ☐ ☐

A Why do you think people lie?

B To look better? To avoid hurting people's feelings?

A Those are white lies.

B Yes, they are. And people can lie to gain social status.

A In some way. But anyway, dishonesty leads to a variety of negative results.

B I agree with you. Dishonesty can break trust, destroy relationships, and even make people lose jobs.

A It paves the way for more and bigger lies.

B You're right. If you keep lying, your brain becomes desensitized to repetitive dishonesty.

A 넌 왜 사람들이 거짓말을 한다고 생각해?
B 더 나아 보이고 싶어서? 사람들의 감정을 상하게 하고 싶지 않아서?
A 그건 선의의 거짓말들이네.
B 그렇지. 그리고 사회적 지위를 얻기 위해서 거짓말을 할 수도 있지.
A 어느 면에서는. 하지만 어쨌든, 정직하지 않은 건 여러 가지 부정적인 결과를 낳게 돼.
B 맞는 말이야. 부정직은 신뢰를 깨고, 관계를 무너뜨리며 심지어는 직장도 잃게 하잖아.
A 그게 더 많은, 그리고 더 큰 거짓말을 낳는 초석이 되고.
B 그러게 말이야. 거짓말을 계속 하면 뇌가 반복되는 부정직에 둔감해지는 거야.

STEP 1 앞서 배운 내용을 상대방에게 실제 이야기하듯 스피치 훈련을 하세요.
STEP 2 스피치 훈련이 끝나면 원하는 대로 필사 또는 해석 훈련을 하세요.

16 Sting released a new pop & rock album titled "57th & 9th". He will perform at the 23rd annual Nobel Peace Prize Concert on Sunday, December 11th in Oslo, Norway at the Telenor Arena. Sting has always believed in music as an important way of amplifying messages of peace.

17 "Anna Karenina" is Tolstoy's classic tale of love and adultery set against the backdrop of high society in Moscow and Saint Petersburg. It is considered by some the greatest novel ever written. It charts the disastrous course of a love affair between Anna and Count Vronsky. This novel can be taken as a piece of life.

18. Right after finishing applying a hair mask, I got a call from my bestie. She wanted me to bring her some class notes for a test. I headed to the library. But it suddenly started to rain. I got soaked. And by the time I got inside the library, conditioner was dripping down my face. Even worse? I bumped into my new BF and his friends. My bestie? She got an A on her test.

19. Skydiving seems synonymous with bucket lists. But it doesn't have to be a once-in-a-lifetime thrill. It's a whole sport that people do every week as a hobby and a lifestyle. The number of annual skydives in America has been growing steadily since 2007, with estimated 4.2 million jumps last year alone.

20. Dishonesty leads to a variety of negative results, including broken trust, destroyed relationships, and even lost jobs. Lying can be quite sinister because it paves the way for more and bigger lies. When you first lie, your amygdala responds strongly in reaction to your dishonesty, but the brain becomes desensitized to repetitive dishonesty.

To. 여기까지 오신 분들께

Good Job!

정말 애 많이 쓰셨습니다.
지금 이 글을 보시는 분들은 이 책을 처음부터 끝까지 공부해 오신 분들이거나
아니면 책 끝에 뭐가 있는지 궁금해서 펼쳐 보신 분들이겠죠.
아, 1권부터 해서 여기까지 오신 분들이라고요? 정말 펭귄 박수를 보냅니다.
네, 그 어느 쪽이든 좋습니다. 첫 번째와 세 번째 경우라면 뿌듯함을,
두 번째 경우라면 더 열심히 하겠다는 마음가짐을 경험하게 되실 테니까요.
사실, 뭔가를 꾸준히 3주 넘게 하는 건 쉽지 않습니다. 하지만 그렇기 때문에
3주를 계속 하게 되면 습관화가 된다고 하지요.
이 습관이 드는 게 참 무서운 거예요. 때로는 어떤 생각이 들기도 전에
몸이 먼저 나가기도 하거든요. 물론 좋은 점도 있지요. 습관이 들어
살짝 타성에 젖어들 때쯤 나름의 응용도 하게 되고 다양한 시도도 하게 되니까요.
영어도 그렇습니다. 그렇지만 영어는 습관으로 자리잡은 사람이 참 드물어요.
책 끝에 뭐가 있는지 궁금해서 펼쳐 보신 분들, 여러분이 한번
그런 희귀한 사람이 돼 보시겠어요? 그래서 이 책으로 습관이 잡혔다면,
계속 이런 식으로 지속해도 되고요, (2권부터 보신 분들은 안 계시겠지만
1권도 나와 있습니다^^)
여기서 응용해 자신만의 방법으로 공부를 하셔도 괜찮습니다.
중요한 건,
여러분께 앞으로 귀한 자산이 될 영어 공부 습관이 들여졌다는 것이니까요.
너무 무리하지 말고, 정해진 시간에 시간 밥을 챙겨 먹는 것이
위 건강에 아주 좋듯이 빼먹지 않고 꾸준히 잉어 하는 것,
잊지 말고 실행하시기 바랍니다.

보이지 않는 곳에서 여러분의 건승을 빕니다.